JN438581

노래를 좋아하고 사랑하는
팬들에게
감사의 마음을 담아 드립니다.

가수 조 슬 빈

여자는 아내로 엄마로

조슬빈 자서전

도서출판 천우

세상에서 가장 아름다운 무대에서 붉은 레드카펫의 주인공이 되어 하늘천사 드레스를 입고 팬들을 열광시키는 콘서트를 열고 싶었다.

내가 사랑하였던 사람들과 나를 사랑하였던 고마운 사람들에게 사람 내음 나는 가수, 받은 만큼의 은혜를 보답하는 국민가수로 거듭나고 싶었다.

고독하고 외로웠던 지난 발자취들은 모두 강물에 띄워 보내고 좀 더 나답고 조슬빈답게 어둠에게 빛을 주고 영혼이 메마른 사람들에게는 희망을 심어주는 가수가 되어 행복한 세상의 꿈을 노래하는 카나리아가 되고 싶었다.

코로나 팬데믹으로 우리나라는 물론 전 세계가 혼란스럽지만 정신만 바짝 차리면 모든 것에서 승리하는 여전사가 되리라 생각한다.

비대면 시대의 대중가요계는 암울한 과도기여서 무대에 설 자리가 제공되지 않지만, 인생 2막의 출발을 맞이하는 시점에서 엄청난 시험 무대라는 것을 깨닫기에 최선을 다하는 가수가 되리라 다짐한다.

하루도 쉬지 않고 노래연습과 무대에 익숙해지기 위한 대중가수로서의 진면목을 고수하기 위하여 지금까지 고생해온 흔적들을 발판으로 삼아 뛰고 또 뛰리라 스스로에게 최면을 걸어본다.

로마는 하루아침에 이루어지지 않았듯이 나 자신을 알고 자신의 분수를 알기에 채우고 또 채워서 팬들에게 실망시키지 않는 가수로 사랑받고 싶다.

여러모로 부족한 점이 많은 철부지 무명가수를 위하여 물심양면으로 이끌어주신 송결 선생님의 크신 은혜에 보답드리며, 곁에서 위로해주고 격려해주는 사랑하는 남편과 든든한 가족, 지인들에게 이 자리를 빌려 감사의 인사 올리며 끝까지 응원과 관심을 부탁드린다.

솔 미디어에서

사랑과 희망을 노래하는 조 슬 빈

01. 둥근 해가 떠오른다

02. 나는 여자인가? 여장부로 거듭난 것인가?

03. 미움과 분노를 쫓아낼 용기를 주시옵소서!

contents

04. 내 인생의 마지막 아이콘

05. 조슬빈, 가요계의 샛별로 등극하다

06. 사랑이 오고 있어요

여자는 아내로 엄마로

01.

둥근 해가 떠오른다

거친 모습으로 살아온 천사의 마음

세상 사람들은 자기 손에 망치를 들고 있으면 주변에 있는 대못만 보이고, 손에 붓을 들고 있으면 그림을 그리려고 주변을 둘러보게 된다고 한다. 더구나 머리 손질을 한 날에는 다른 사람들 머리만 쳐다보게 되고, 사고 싶은 차를 보면 시선이 그 차만 따라간다. 노래를 부르고 싶은 열정을 품고 있는 마음은 세상이 온통 화음(花音)으로 들렸을 것이다. 마음속에 예쁜 아기천사를 품고 있는 사람은 다른 사람을 예쁜 꽃 대하듯 한다. 손에 들고 있는 것과 마음속에 품고 있는 것이 무엇이냐에 따라 눈에 보이는 것은 다를 것이다.

《대학》의 〈정심장(正心章)〉편에 실려 있는 말이다. '이른바 수신(修身)은 그 마음을 바르게 하는 데 달려 있다고 하는 이유는 몸에 분노하는 바가 있으면 그 바름을 얻지 못하고, 두려워하는 바가 있으면 그 바름을 얻지 못하고, 좋아하고 즐거워하는 바가 있으면 그

바름을 얻지 못하고, 근심하는 바가 있으면 그 바름을 얻지 못하기 때문이다. 마음에 있지 않으면 보아도 보이지 않고, 들어도 들리지 않고, 먹어도 그 맛을 모른다. 이것을 일러 수신은 그 마음을 바르게 하는 데 달려 있다고 하는 것이다(所謂修身在正其心者, 身有所忿則不得其正, 有所恐懼則不得其正, 有所好樂則不得其正, 有所憂患則不得其正. 心不在焉, 視而不見, 聽而不聞, 食而不知其味. 此謂修身在正其心)'라고 하였다.

'심부재언'이란 하고자 하는 마음이나 관심이 없다는 뜻이다. 그런 상태에서는 무엇을 보더라도 건성으로 보게 되어 그 실상을 제대로 보지 못하고, 무엇을 듣더라도 그 참된 의미를 파악하지 못하고, 무엇을 먹더라도 그 참맛을 느끼지 못하게 된다는 말이다.

촛불은 자신을 태워 이웃에 빛을 나누어 준다

마음속에 천사가 살고 있다면 그 마음은 근본적으로 아름답다. 마음씨 고운 아기천사가 살고 있으면 다른 사람들을 위해 봉사와 헌신하는 일들을 찾게 된다. 횃불을 품었으면 세상을 밝게 비추려는 행동이 아주 자연스럽게 나온다. 노래를 품었으니 노래가 나오는 것 또한 아주 자연스러울 것이다. 마음속에 의심의 악마가 살고 있으면 세상의 어두운 모습만 바라보고 그런 것만 찾게 된다. 그런 악마와 놀게 되면 어둠에 갇힐 수밖에 없고 두려움이라는 감옥 속에서 살아가게 된다.

세상을 그토록 아름답게 보려는 눈과 헌신과 봉사를 아낌없이 하려고 하는 그런 예쁜 마음을 지녔다면, 이 사람은 분명 사람의 탈을

쓴 아기천사(?)가 아니겠는가.

'산비탈에 서 있는 나무의 가지가 기울어져 있으면 그 가지가 잘 자라도록 버팀목을 세워주고 어떻게 해서든지 곧게 자라게 해주었다.' '골목길 모퉁이에서 자라고 있는 꽃들이 몽우리가 지고 꽃대가 올라올 때면 날마다 그곳으로 달려가서 '이제는 꽃으로 피었을까? 얼마나 아름답게 피었을까?' 기대하면서 날마다 그 꽃에 물을 주었다.' '몸이 불편한 어른들을 보면 그냥 지나치지 못하고 목적지까지 부축하며 동행했다. 목욕과 안마, 이발과 말동무해드리는 것은 일과 중에서 빼놓지 않았다.' '시어머니 따라 동네 마실 나가면 언제나 소액이라도 봉투를 챙겼다가 형편이 어려워 보이면 시어머니 몰래 그 봉투를 놓고 왔다.' '동네 아이들을 보면 언제나 내 아이인 양 자신의 아이와 함께 먹이고 함께 데리고 다녔다. 안마당을 동네 아이들 놀이터로 만들어주었다.' '그러다가 사고라도 나면 무슨 원망의 소릴 들으려고 남의 집 애들까지 데리고 다니느냐'는 남편으로부터 한소릴 들어도 막무가내였다. '시(市)에서 주는 효부상(孝婦賞)을 옆집 아주머니에게 양보하여, 지금까지 시부모에게 잘못한 것 모두 용서받게 해주었다.' '장애우를 돕기 위해 수화와 율동을 배우고 스스로 산타크로스 할아버지가 되려고 했다.' '동네 뒷골목 청소는 언제나 가수 조슬빈의 몫이었다.' '돈벌이는 언제나 불우한 이웃과 함께했다.' '노래를 부르고 싶다는 가수를 보면 아낌없이 돕고 있다.' '안산시 배구동호회 선수로 헌신과 봉사를 하면서 사랑, 나눔 전도사로 살아가는 기쁨이다'.

'가수 조슬빈'의 마음 씀씀이 천사의 날개를 나뭇꾼이 숨겼나보다. '내 마음이 조금만 변하면 세상은 이렇게 아름답게 변하잖아요,

내 몸뚱아리 하나 힘들어도 다른 사람들이 나로 인해서 진정 행복할 수만 있다면 육신의 피곤함이 무에 대수겠는가. 그 사람들 덕분에 나도 행복해지잖아요.'라고 말하며 수줍게 웃어보는 해바라기 슬빈이다.

별처럼 빛나는 마음, 그것은 바로 나눔과 봉사, 배려와 헌신이다. 아기천사의 가슴 속에 품고 있는 그 무한한 사랑이 아무 때나 불쑥불쑥 튀어나온다. 오고 갈 데 없는 동네 아이들, 아들 친구들, 시아버지 시어머니 친구분들이 집에 오시면 절대 굶겨 보내지 않았다. 항상 배불리 먹고 가시도록 음식을 넉넉하게 준비를 했다. 남편이 생활비를 벌어다 주지 않아도 원망하지 않고 그 비용을 스스로 벌어서 충당했다. 그래서 손이 크다는 소릴 듣고 살았다. 이런 마음이 자식들에게도 전해졌는지 아이들이 봉사활동 가자고 하면 찡그림 한번 없이 그냥 따라나섰다. 믿고 따르는 친구들이 넘쳐난다.

'말이 아닌 행동으로, 이론이 아닌 현장으로' 그렇게 가르쳤다. 내 아들이 귀하면 다른 사람들의 자식 또한 귀하다는 생각을 늘 지니고 살았다. '내 아이만 챙기고 내 아이만 잘 되게 키우면 되겠지.' 하는 폐쇄적이고 이기적인 마음보다는 '친구들과 함께 어울리며 서로 돕고 살아가는 것이 먼 훗날 큰 복으로 되돌아온다.'라고 나눔의 정신을 가르쳤다. 특히 외톨이가 되지 않도록 미운털이 박히지 않도록 그리고 함께 어울려 다니도록 현장을 데리고 다니며 가르쳤다. 솔선수범이 자식 교육의 왕도라 생각하고 몸소 실천했다. 자식들의 눈을 두려워하는 엄마이자 집안의 에너지원이다.

나를 잘되라고 빌어주는 다른 사람들이 나를 지켜보고 있다는 생각을 늘 가슴속에 담고 다녔다. 나에게 다가오는 사람들을 보면 나를 위해 기도해주는 사람이라 생각했다. 그러다 보니 그 착한 마음이 언제나 타인을 향하고 있는 것이리라. 선한 마음을 아무리 크게 가져도, 자신이 베푼 것은 언제나 작아 보이기 마련이다. 더 가지려는 탐욕의 마음은 아무리 작아 보여도 남이 보면 항상 크게 보인다. 그래서 그런 마음을 크게 경계하면서 베품의 미덕을 늘 앞세웠다.

여자는 아내로 엄마로

여자로서의 자존감, 아내로서의 의무감, 엄마로서의 책임감을 짊어진 채 자신의 삶을 홀로 어두운 사막에 묻어두고 살았었다. 가수가 되려고 과감한 도전을 하기 전까지는 그 어디에서도 자신의 흔적을 찾아볼 수 없었다. 남편을 닮아가고 아이들의 꿈을 따라가던 '가수 조슬빈', 멸아(滅我)의 봉사(奉事), 초아(超我)의 헌신(獻身)을 뛰어넘고자 새로운 도전을 하는 것이다.

이제부터는 배고픈 하이에나의 반짝거리는 눈으로 '나'를 찾아 나섰다. 높은 산을 넘고 깊은 강을 건너 '내 인생 대표이사 조슬빈'을 찾아 나서고 있다. 수출용 원단의 밑단을 박음질하던 이름 없는 여인에서 이제 명품 가수 조슬빈으로 다시 태어나고 있다. 어엿한 중견기업을 창업한다는 마음으로 나를 바라보고 있는 사람들을 위해, 대중을 위해 오늘도 새로운 아이템을 찾아 나서고 있다. '나도 한번 해볼까 뭘?' 앞으로 뭘 하지? 그녀 앞에는 무한한 도전이, 새로운 세상이 기다리고 있다.

'인생 뭐 있어요. 인내는 쓰고 열매는 달다고 하지요. 고진감래(苦盡甘來)라는 말도 있지만, 저는 진인사대천명(盡人事待天命)이

라는 말을 좌우명으로 삼고 오늘도 최선을 다하렵니다. 진실한 삶에는 배신이 절대 없어요.'를 외치는 '가수 조슬빈'의 넘치는 긍정에너지는 어디에서 오는 것일까? 스스로 자문자답을 해 본다.

유년시절부터 꿈꾸었던 스타가수, 대중들에게 메마른 가슴을 적셔주고 비타민제같은 자양분을 공급해주는 수호천사표 가수가 되어 인생2막의 무지갯빛 실크로드를 활짝 펼치고 싶었다. 자, 지금부터 시작하는거야! 조슬빈, 꿈은 이루어진다. 최선을 다하는 그날까지 Go Go 씽! 사람으로서는 생각할 수 없는 그래서 더더욱 믿기지 않는 대서사시다. 눈물이 반이고 웃음이 반이다. 절망의 늪에서 희망을 건져내는 반전(反轉)의 연속이었다.

여자는 아내로 엄마로

작사 : 장경수
작곡 : 송결
노래 : 조슬빈

그 사람 만나기 전에 난 그냥 여자였어요
세상 모든 게 부러웠던 꿈 많은 여자였어요
한사람 아내 돼버린 날부터 나의 이름을
잃어버리고 내 이름을 놓아버렸죠
당신의 그릇이 네모였을 때 나도 네모가 되고
아이들 꿈이 세모였을 때 나도 세모가 되고
여자에서 아내로 아내에서 엄마로 그렇게 살아왔어요

세 아이 엄마 돼버린 날부터 나의 나이를
잃어버리고 내 나이를 지워버렸죠
당신의 그릇이 네모였을 때 나도 네모가 되고
아이들 꿈이 세모였을 때 나도 세모가 되고
여자에서 아내로 아내에서 엄마로 그렇게 살아왔어요
여자에서 아내로 아내에서 엄마로 그렇게 살아왔어요

여자는 아내로 엄마로

장경수 작사
송결 작곡
조슬빈 노래

02.

나는 여자인가? 여장부로 거듭난 것인가?

자태 고운 여자 여자, 불도저 리더십의 선구자

주부들의 우상, '예쁜 손 모델'로 캐스팅될 뻔했다

20년 전쯤, 어느 백화점에서 주부들을 대상으로 예쁜 손 모델 선발대회가 있었다. 내 손을 보았던 이웃 사람들이 그 대회에 참가해 보라 채근했다. 그러는 동안 백화점에 반품 관련한 볼일이 있었다. 씩씩거리며 해당 매장을 찾아가는데 메이크업하는 미용실이 눈에 들어왔다. 이왕 왔으니 머리라도 손질해보자 하고 그 미용실에 들어갔다. 젊은 새댁들이 줄을 서고 있었다. '남편들이 밤낮없이 고생고생하며 뼈 빠지게 벌어다 준 돈으로 이곳에 와서 신선놀음하고 있는 여편네들이 참 많구나'라는 생각이 들었다. 그 여자들이 부럽기도 했다. '나도 내 남편이 벌어다 준 돈으로 여왕처럼 머리 손질 좀 해봤으면 좋겠다.'라고 한숨을 쉬면서 내 순서를 기다렸다. 잘나가는 탤런트 머리 모양으로 손질하고 있는 아주머니를 바라보면

서 기다리다 보니 드디어 내 순서가 왔었다. 종업원들에게 내 머리를 맡기고 있는데 매니저라 하는 사람이 내 손을 유심히 바라보고 있었다. "어머, 언니 손은 왜 이리 예쁘세요?" 하면서 내 손을 덥석 잡아끌었다. "어휴, 애들 손보다 더 부드럽네요" 하며 호들갑을 떨었다. "감사해요, 어려서부터 손 예쁘단 소린 자주 듣고 살았어요" 라고 말은 했지만, 나는 머리를 손질하러 왔는데 왜들 내 손만 가지고 이렇게 야단법석을 피우는지 궁금했다. 그러는 사이 그 매니저가 "언니, 이번에 예쁜 손 모델로 데뷔하시는 게 어떠세요? 지금 이곳 백화점 문화센터에서 예쁜 손 모델 선발대회가 있어요" 하면서 '예쁜 손 모델'이 되어보라는 제의를 했다. 어려서부터 탤런트가 되어보겠다는 야무진 꿈이 아직도 꿈틀거리고 있는데, 얼굴이 아닌 손으로 모델이 될 수 있다는 기회가 찾아오다니, '이게 꿈인가 생시인가?' 그렇다고 불쑥 도전하겠다는 말을 꺼내지는 못했다. 손이 아무리 예쁘다고는 하지만 마음의 준비도, 참가비도 없이 온 주제에 감히 어디를 넘보겠는가 하면서 스스로 포기했다. 왜 그때는 과감하게 도전하지 못했을까 하는 아쉬움이 아직도 마음 한구석에 자리하고 있다. 꽃다운 청춘은 강물처럼 흘러흘러만 가는구나.

저는 지금도 손이 워낙 예뻐서? 다른 사람들이 제 손을 보면 '어찌 이리 고와요' 한다. '이 손이 식당일을 한 손이 맞아요?' 하며 의심의 눈초리로 바라본다. 그러다가 내 손을 직접 만져 보기도 한다. "어머머 식당 일 한 손이 아니네"라고 더욱더 큰 소리로 말한다. '그런 소리 하지들 마시게, 나도 무척이나 신경 써서 관리했다오. 그때 당시 예쁜 손 모델 선발대회에 참가했다면, 지금까지 손 모델로도 유명세를 치를 수 있었을 텐데, 지금 생각해도 좀 아깝지 뭔가'.

영원히 거울공주로 살고싶어

동네 아주머니들과의 수다는 끊임없이 이어지고 있다. 나는 '여자는 얼굴이나 몸매나 모두 예뻐야 하잖아. 그러니 어려서부터 관리를 잘해야 해. 조금이라도 젊었을 때 관리를 해야지, 자꾸 나중에 하지 나중에 하지 하면서 나중으로 미뤄봐, 그러면 정말 나중에는 할 수 있는 것이 하나도 남아 있지 않아' 자신이 그토록 원하는 '나중에는' 쉽게 오지 않는다 말일세. '애들 다 크고 나면 하지, 나중에 돈 생기면 하지 하며 자꾸 뒤로 미루면 절대로 예뻐질 수가 없지. 그러니 자네들도 한 살이라도 젊었을 때부터 관리를 잘하시게' 하면서 일장 훈시를 할 정도로 여자는 여자로 사랑받아야 한다.

'찌는 뱃살도 마찬가지야. 오늘까지만 먹고 내일부터 다이어트를 해야지 하면 뱃살이 줄어드는감? 어림없는 얘기지. 남편이 꼴 보기 싫다고 흉볼 정도까지 찌면 곤란하지. 남편과 다투다 보면, 남편이 그렇게 미워진다. 그렇게 남편보고 밉다 밉다 하면서 콱 이혼이나 해야겠다 하지만, 애들을 보면, 이 녀석들이 결혼할 때까지는 참자 참자 하면서 살지. 그러면서 한 해 한 해를 몸 섞고 살 섞어가며 잘살고 있지 않은가! 막상 그때가 되면 이혼을 할 수 있겠는가 말이야. 남편이라는 작자가 곁에 있으면, 그래도 시린 바람 막아줄 언덕배기는 되어주지 않는가. 이것도 저것도 그것도 아니면 그냥 내보내야지 꾸물댈 게 뭐 있겠는가. 그래도 없는 검불보다야 나으면 그냥 품고 살아야지'라고 남편을 관리하는 특강 아닌 특강을 그렇게 하고 있었다. '그래서 하는 말인데 뭔가 결정을 하고 관리를 하고자 한다면 한 살이라도 덜 먹었을 때 도전해 보는 것이 더 낫지, 안 그

런가?' 말이 청산유수다. 듣고 있던 아줌마들이 우스갯소리를 더한다. 역시 사는맛은 건강하고 튼튼한 몸과 마음이 아니겠는가 하는 생각에 잠기곤 한다.

날마다 '예쁘다 예쁘다'라고 자신에게 주문을 건다.

중학생 시절에는 동네 사진관에 걸린 모델 사진이 내 얼굴이었다. 그만큼 내 얼굴은 예뻤다. 그때부터 스무 살이 될 때까지는 청양에서 잘나가는 꽃띠 아가씨였다. 그때는 정말 다른 사람들이 부러워하는 아름다운 모델이었다. 예쁘다는 소릴 듣고 자랐으니 그런 예쁨을 오랫동안 간직하고 싶었다. 이 얼굴이면 탤런트도 할 수 있겠지 하는 상상도 했었다. 겉멋이 먼저 들어버린 애어른이었다. 그래서 다른 사람들보다 거울 보는 횟수가 훨씬 많았다.

'거울아 거울아, 오늘은 누가 가장 예쁠까?' 하고 거울 공주처럼 묻곤 했다. '거울아 거울아, 오늘은 내가 제일 예쁘지', '내 얼굴 어때?' 하면서 끈질기게 물었다. 오늘은 어제보다 더 예뻐졌는가 하고 거울을 들여다보았다. 참 신기한 것은, 그렇게 거울을 바라보고 있으면 얼굴에 그려지는 찡그림이 자연스레 사라진다는 것이었다. 찡그린 얼굴이 보이면, '자네도 이제는 내 얼굴에서 떠날 때가 된 것 아닌가.' 지금의 뽀샤시한 내 모습 이렇게 주문을 외듯이 날마다 거울을 보며 예뻐지라고 했던 덕분이다. 그 덕분에 다른 사람들한테 꽃보다 슬빈으로 슬슬 뿌리내리고 있을지 모른다.

거울 공주 노릇은 아무나 할 수 있는 게 아니다. 얼굴에 생기는 주름을 막아내기 위해 '주름아 주름아 나를 떠나거라' 하고 억지 주문이라도 될 수 있어야 한다. 짜증을 내면 낼수록 찡그림이 더 달라붙는다. 그럴 용기와 꾸준함이 몸에 배지 않으면 결코 쌓이는 주름을 줄일 수 없다. 긍정마인드로 언제나 방긋방긋의 심볼이다.

허리가 아파서 아픈 표정이 얼굴에 나타날 때면 얼른 품속에서 예쁜 인형을 꺼내 보았다. 그렇게 싱글벙글 웃고 있는 표정을 보면 다소나마 찡그려지는 표정을 감출 수 있었다. 분노가 일고 좌절하는 마음이 일어날 때면 마음을 다독거리기 위해서 가슴 속에도 핸드폰 줄에도 가방 속에도 '아기천사 인형'을 매달았다. 나를 위해서가 아닌 나를 바라보고 있는 시댁 식구들과 나를 응원하는 수많은 대중을 위해서 나는 예쁜 천사가 되어야만 했다. 그래서 예쁜 인형을 이곳저곳 눈에 보이는 곳이면 모든 곳에 매달아 놓았다. 예쁜 인형을 보면서 화를 낼 수는 없잖아요. 마음이 심란해질 때면 그 인형을 바라보고 '천사 인형 예쁜 인형' 하면서 잠깐 쓰다듬어 주었다. 그러고 나면 쭈글쭈글 찌그러진 냄비 같은 마음도 어느새 칼주름 잡은 바지처럼 쫙 펴지고, 청양의 천장 호수 물줄기처럼 평온해졌다.

남편에게 돈 달라는 말은 할 줄 몰라도 돈 버는 재주는 행운이 뒤따랐다

'왜 그렇게 바보같이 살아, 그냥 헤어지면 되잖아. 네가 뭣이 아쉬워서 무엇이 모자라서 그렇게 힘들게 살아!' 하면서 한 친구가 득달같이 속상해 한다. 그러면서 더 세게 쏘아부친다. '미스코리아 뺨치는 미끈한 얼굴, 한석봉 어머니를 울게 하는 손재주, 천사를 품은

따뜻한 마음, 상머슴 저리 가라 할 정도로 일도 잘하지, 그런 네가 뭐가 그리 겁이 나는데. 다시 큰맘먹고 새롭게 출발하면 되잖아'. 이런 말을 들으면 나도 그러고 싶은 마음이 자꾸 든다. '근데 말이야, 내 애들은 어떡하고. 애 셋 달고 오면 누가 흔쾌히 받아 주기는 한데? 내 얼굴이 아무리 예뻐도 그렇지 애 셋을 달고 가면 얼굴값이나 제대로 받을 수 있겠어. 나는 애들 보고 사니께 그런 소리는 그만들 하시게나' 하면서 애써 불가능하다는 논리를 찾아내곤 했다. 좋은 인연이 나타나면 새롭게 출발하고 싶다는 욕망이 불끈불끈 솟기도 했지만 애들 바라보면서 그래도 용케 잘 참고 버텨냈다.

'방구석에 틀어박혀 앉아서 식구대로 모두 굶어 죽을 팔자였으면 이 집에 시집도 오지 않았을 거야. 너 죽고 나 죽으면 모든 문제가 해결된다면 모를까 남은 애들은 무슨 죄가 있단 말인가?'라는 생각을 하면서 마음을 다잡는다. '그래 애들을 굶길 수야 없지' 하면서 새로운 일거리를 찾아 나섰다. 남편에게 생활비 좀 달라고 말하는 재주는 없었다. 그렇다고 남편을 버릴 재주도 없었다. 남편에게 생활비 좀 벌어오라 하면 안 되는 줄 알았다. 남편을 하늘같이 섬기고 살아야 되는 줄 알았다. 어린 나이에 아는 게 없고 남편에게 덤벼드는 게 뭔지 모르다 보니 할 수 없이 일거리를 찾아 나설 수밖에 없었다. 귀하게 낳은 애들을 굶겨 죽일 수야 없지. 애들이 내 삶의 전부인 것을 어쩌란 말인가. 어린 애가 애를 낳고 키우면서 애가 아닌 척 엄마 노릇하기도 얼마나 힘이 드는지 모른다.

애들이 내 두 눈을 똑바로 바라보고 있으면 나 역시 애들의 눈을 빤히 쳐다봤다. 말이 없어도 삶의 의욕이 솟았다. '그래 엄마가 너희들은 절대 버리지 않을게, 꼭 훌륭한 아이로 키워 줄게'라는 다짐을 수없이 되뇌곤 했다. 느긋느긋한 아빠를 보면서 애들이 무엇을 보고 배울까 한숨소리만 커갔다. 애들을 생각해서 모범적인 가장 역할을 하라는 것도 아니지만 최소한 좋지 않은 버릇은 아이들에게 물려주지 않기를 바라는 마음이 굴뚝같았다. '어쩌랴 내가 돈 버는 재주를 타고났으니 내가 벌어서 써야지', '내가 처음을 시작했으니 끝을 보는 것도 내 책임 아닌가?' 하는 오기가 발동했다. 그렇게 애들을 굶기지 않기 위해 가장 아닌 가장 노릇을 하다 보니 진짜 억척 가장으로 뿌리를 내리고 있었다.

내 손톱이 매니큐어 냄새라도 맡고 싶다고 야단이어도 '설거지나 하는 손, 식탁이나 닦는 손에 그게 무슨 소용이 있을 건가?' 하고 애써 외면했다. 애들은 잘 키우고 싶고 나도 부르고 싶은 노래도 많은데 돈 벌어다 주는 사람이 없다. '아이고 내 팔자야 끈 떨어진 두레박 팔자네'. 하늘 높이 날다 끈이 떨어진 연 꼬리는 어디로 가야 하나? 우물 속에 내 운명을 가두고 바람에 운명을 맡기는 신세다. 강물 위로 떨어진 낙엽은 강물이 가잔 데로 따라가야 하는 것처럼, 목구멍이 포도청이라 내 육신은 돈이 오라는 곳으로 가야만 했다. 목마른 자가 우물을 판다고 하지 않는가? 그래서 세상은 공평한 것일까? 팔자좋은 대학생 남편을 벌어먹일 수 있는 재주가 나한테나마 있었기에 참 다행이었다.

다람쥐가 쳇바퀴 도는 것을 보면서 다람쥐는 저 바퀴를 어떻게 하면 벗어날 수 있을까? 궁금했었다. 삶이 지치고 힘들어질 때면 그 '다람쥐가 쳇바퀴를 돌리고 있는 것을 보면서 오히려 내 신세를 위로했었다. 앵무새를 사서 집에 가져오니 앵무새가 나를 깨웠다. '너도 하고 싶은 말이 있으면 나처럼 해봐, 내가 대신 외쳐줄게' 하면서 나를 가르치려 했다. '저 녀석은 정말 다른 사람의 말이 아닌 본인이 하고 싶은 말을 하는가?' 하고 이 앵무새 녀석을 보면서 내 처지를 위로했다. 너는 너의 말을 못하고 나는 나의 속마음을 터놓을 수가 없으니 너와 나의 신세가 피장파장 아니겠는가 하는 생각을 하면서 앵무새를 다시 한번 쳐다보았다.

알람시계가 필요가 없었다. 그만큼 시간은 나에게 철저한 관리감독관으로 보초를 서는 듯 감시병으로 그 녀석이 정해진 시간에 그냥 나를 깨웠다.

내 고향 청양(靑陽)을 아시나요?

칠갑산(七甲山), 충청남도 정중앙에 위치하며, 청양군에 있는 산이다. 백제는 이 산을 사비성 정북방의 진산(鎭山)이라 하여 성스럽게 여겼다. 그래서 이곳에서 제천의식(祭天儀式)을 행하였다. 칠갑산이란 명칭은 매우 성스럽다. 만물생성의 7대 근원인 지(地) 수(水) 화(火) 풍(風) 공(空) 견(見) 식(識)에서 칠(七)자를 따오고, 초목초생지부갑시야(草木初生之莩甲始也) 중 싹이 난다는 부갑에서 갑(甲)을 따왔다. 그래서 생명의 시원(始源)을 뜻하는 칠갑산이라 경칭(敬稱)하였다. 어떤 사람들은 일곱 장수가 나올 명당이 있는 산이라고 주장하기도 했다. 1973년 3월 6일 도립공원으로 지정되었다.

성상을 중심으로 아흔아홉 계곡이 우산살 모양으로 펼쳐지고 있는 산이다. 동쪽으로 두솔성지(자비성)와 도림사지, 남쪽의 금강사지와 천장대, 남서쪽의 정혜사, 서쪽의 장곡사가 모두 연대된 백제

의 얼이 담긴 천년 사적지를 품고 있다.

내 고향 청양은 하늘도 푸르고 들도 푸르고 물도 푸르다. 온통 푸르기 때문에 그 이름도 청양이다. 백제의 얼과 혼과 한이 서린 칠갑산이 나에게는 참으로 성스럽다. 나는 칠갑산에 우뚝 서 있는 용호장군 잉태바위(일명 남근바위)의 넘치는 양기와 천장호수의 살랑거리는 치마폭 같은 따뜻한 음기와 청양고추의 화끈하고 매운 열기를 온몸으로 끌어안고 청양군 남양면 대봉리에서 태어났다. 천장 호수 출렁다리의 흔들림에 사랑하는 여인들이 울고 웃는다. 유난히도 물빛이 파랗다. 물결도 잔잔하다. 세계에서 가장 큰 청양고추와 구기자가 출렁다리를 굳세게 치키고 있다.

버스가 하루에 두 번 정도 다니는 외딴 시골 마을, 청양의 끄트머리에서 소달구지 타고 청양 읍내를 다녔다. 전답이 있었기에 천상 콩밭 매는 소녀였다. 밭 가는 쟁기를 끌어 주는 소, 나를 태워 주는 소, 그 소 한 마리 키운답시고 꼴망 둘러메고 풀을 뜯으러 산으로 들로 뛰어다녔다. 청양의 푸른 하늘은 엄마의 치맛자락이었다. 천장 호수는 엄마의 속살이었다. 나는 태어나긴 여자로 태어났는데 천상 하는 짓은 선 머슴이었다. 장곡사 일주문에는 법어(法語)만 걸리는 줄 알았는데 마귀를 내몰고 나의 노랫소리도 걸리려 하고 있다.

용호장군 잉태바위(일명 남근바위)는 정성껏 어루만지면서 소원을 기원하면 그 소원이 성취된다고 한다. '시집간 딸이 5년 동안 아이 소식이 없자 친정엄마가 7백일 동안 정성 들여 기도하자 칠갑산 수호신이 그 정성에 감탄하여 그 딸이 결혼한 후 7년 차에 잉태 바위를 떼어내 아이를 만들어 주었다'는 전설이 있다.

청양의 성스럽고 영험한 기운을 받았는지도 모른다. 남편과 처음 맺은 인연으로 큰애를 선물받았다. 둘째 아이도 연년생 터울로 건강한 자손이 들어선 것이다. 셋째 아이도 마찬가지다. 아무래도 남편은 남근바위를 수호하고 있는 칠갑산 천하대장군이 지켜주고 있고, 나는 천장 호수를 지키고 있는 칠갑산 천하여장군의 보살핌이 있는 것이라고 믿으면서 〈청양에서〉라는 노랫말을 옮겨 적는다.

청양에서

작사 : 유정, 조미자
작곡 : 송결,
노래 : 조슬빈, 김세준

청양에서 청양에서 청양에서 살리라
칠갑산 정상에 꽃바람 불면
우리들의 사랑도 익어가지요
구기자 향기에 정이 흐르면
행복한 웃음꽃 활짝 핍니다
아 사랑하는 당신과 함께 백년 천년 내 고향
청양에서 청양에서
청양에서 살리라

청고추 홍고추 청양고추는
매콤하고 달콤한 사랑이지요
출렁다리 아래 푸른 호수는
청순한 연인들 거울 같아요
아 사랑하는 당신과 함께 백년 천년 내고향
청양에서 청양에서 청양에서 살리라
청양에서 청양에서 청양에서 살리라

청양에서

유정, 조미자 작사
송결 작곡
조승빈, 김세준 노래

1980년도 주병선 가수가 '칠갑산'이라는 노래를 불러 칠갑산이 전국적으로 유명하게 되었다. '콩밭 매는 아낙네는' 그 노래를 듣는 수많은 대중의 가슴에 눈물을 심고 설움과 향수를 심었다. 칠갑산의 정기, 천장 호수의 음기, 청양고추의 열기를 품은 덕분인지 이제 콩밭 매는 아낙네에서 콩밭 가는 '청양에서'를 노래하는 청양군의 아름다운 홍보대사가 되려나 보다. '청양에서'라는 노래가 대중의 넓고 깊은 가슴에 푸른 꿈을 깊이 심어주기를 기대하면서 내 고향 청양의 국민가요로 등극되기를 기도해 본다.

청정 청양의 영문 첫 글자 'C'를 조형의 기본으로 수려한 자연환경을 표현하였다. 칠갑산의 울창한 숲과 맑은 공기(녹색), 깨끗한 물과 훈훈한 인심(청색), 특산물과 청양의 미래(적색)을 표현하였으며 3개의 동심원은 청양의 역사와 미래, 생명을 나타낸다는 뜻이다.

공 로 패
조 미 자
2008년 12월 9일

좋은 버릇,
나쁜 버릇

생각은 꼼꼼하게, 행동은 재빠르게

매력 있는 어떤 일에 도전할 때는 반드시 2~3년 동안 철저하게 준비하고 배워야 한다. 그러면서 고객의 마음이 어디로 향하는지도 함께 살펴야 한다. 목표가 정해지고 나면 과감하고 신속하게 처리한다. '금성사 대리점'을 개점할 때도, '핸드폰 가게'를 개점할 때도, '노래방'을 개업할 때도 그랬다. 가수가 되기 위해서 여러 해를 준비하고 갈고 닦았다. 언제 어디에서든지 시시때때로 항상 생각하면서 철저하게, 세밀하게 분석했다. 되지 않을 일을 붙들고 끙끙대며 고민하고 있다 보면, 성공할 수 있는 일들이 자꾸 떠나간다. 지나간 기회를 되돌릴 수 없기에 정리할 때는 과감하게, 그리고 되는 일이라 판단이 서면 물불 가릴 것 없이 직진한다. 그래야 한 푼이라도 건질 수 있다고 생각한다.

배움의 끈을 놓지 않는다

내가 하고 싶은 일은 반드시 사전에 배운다. 배워서 남 줄 것은 하나도 없다. 친정엄마가 정육식당을 운영하실 때는 고기 자르고 뼈와 살을 발라내는 것을 배웠다. 그래서 친구 정육점식당 오픈 때 렸다. 화양리에서 미싱 질 배우고, 비싼 가죽 가위로 자르는 기술을 배웠다. 그래서 수출용 원단 밑단 박음질을 통해 큰돈을 벌 수 있었다. 독산동 액세서리 가게에서 판매 스킬과 고객 관리 노하우를 배웠다. 그래서 횟집에서 지배인으로 주인으로 활동하다 그 집 대박을 터뜨렸다. 어떤 것을 배운다는 것은 강력한 생존 무기를 준비하는 것이다. 치열한 생존경쟁에서 살아남기 위해서는 반드시 배워야 한다. 나는 학문적으로는 가방끈이 길지 않다. 그러나 현실적으로는 경험의 끈이 무척 길다. 나도 한번 해볼까 하면서 도전해온 삶은 타의 추종을 불허(不許)한다.

항상 긍정적으로 생각한다

어떤 일을 하더라도 잘될 거라 믿는다. '이러다 실패를 하면 어떡하지?', '이 일이 잘못되면 큰일인데' 이런 부정적인 말은 아예 내뱉지를 않았다. '이번에도 잘될 거야'라고 긍정적으로 생각하다 보니 내 생각과 조금 다른 상황이 발생해도 좋게 해석하는 버릇이 있다. 긍정적인 생각이 긍정의 결과를 불러온다는 말을 믿는다. 맞는 말이다. 성공의 말을 하고 성공한다는 생각을 하게 되면 성공할 수밖에 없다. 그리고 나는 좋은 기운이 있다고 믿는다. 부정적인 생각을

정기적으로 분리수거해서 쓰레기통에 버린다. 쓰레기통이 꽉 차면 리셋 버튼을 눌러야 할까? 삭제 버튼을 눌러야 할까?

너, 자신을 사랑하라

나는 틈나는 대로 거울을 들여다본다. 화장하기 위해서, 얼굴을 예쁘게 가꾸기 위해서, 그리고 나에게 예쁘다는 말로 주문을 걸기 위해서. 화장실은 물론 거실이나 현관문에 걸려 있는 거울을 볼 때마다 '나 예쁘지' 하면서 웃는다. 예쁜 얼굴을 만들기 위해 눈꼬리를 내리고 입꼬리는 올리고 이런 연습을 하루에 500번 이상을 한다. 나를 바라보는 사람을 위해 나는 항상 웃어야 한다. 그러니 예뻐지지 않을 수가 있겠는가. 웃다 보면 자연스럽게 우아한 매력 넘치는 여신을 닮아간다.

기분이 좋아 웃다 보면 남을 의식하지 않고 마구 때린다 -

내 옆에 있는 사람들은 본의 아니게 나한테 두들겨 맞는다. 등이나 가슴, 무릎 등을 가리지 않고 두들긴다. 처음에는 많은 오해를 샀다. 이상한 여자라고 소문이 날 뻔했다. 그런데 다른 사람들도 기분이 좋으면 자신만의 독특한 몸동작을 일으킨다. 비비 꼬는 사람, 손을 입으로 가져가는 사람, 손뼉을 치는 사람, 펄쩍 뛰는 사람 등등.

나는 시아버지가 잉어 낚시를 하던 때, 잉어가 낚시코에 걸렸다고 기분 좋아하는 시아버지를 보고 후다닥 달려가 기분 좋다고 깔깔 웃으면서 시아버지를 마구 두들기기도 했다. 그러다가 시아버지께서 뻘밭으로 미끄러지신 적도 있었으니 말이다. 하마터면 시아버지는 잉어 밥 신세가 될 뻔했었다. 그 사건 이후 나의 손버릇은 조금 줄었으나 아직도 옆사람 두들겨 패기는 한결같다. 전생에 복싱 선수였을까 할 정도로 힘이 넘치는 열정의 소유자임에 틀림이 없다. 이렇게 하면서 은연중에 쌓인 스트레스는 몽땅 털어냈는지도 모를 일이다.

언니야, 서울 가면 예뻐지나요

나이 차이가 8년이나 나는 언니는 무척이나 고혹적이고 예뻤다. 어렸을 때는 시기 아닌 시기, 질투 아닌 질투도 많이 했었다. '어떻게 하면 나도 언니처럼 예뻐질 수 있을까?' 하면서 나의 롤모델로 삼았다. 서울에서 사는 언니는 시골 처녀의 눈에는 그렇게 예뻐 보일 수가 없었다. 꿈속에서나 볼 수 있는 선녀에 가까웠다. 그래서 '서울에서 살면 여자들이 저렇게 예뻐지는가 보다'라고 생각했다. 긴 머리를 찰랑거리는 언니는 서울 물을 먹었다고 생각해서 그런지 정말 더 예뻐 보였다. 그래서 '서울 가면 여자는 무조건 예뻐진다.'라고 믿었다. 예뻐지고 아름다워지는 것은 여자들의 꿈이 아닌가. 늙어 죽을 때까지도 예쁘게 보이고 싶고 예쁘다는 소릴 듣고 싶은 게 여자의 마음이다. 시도 때도 없이 예뻐졌다는 말을 들으면 얼굴에 함박웃음이 피어난다. 그래서 여자는 아름답고 예쁘다는 말에 꽃이 되고 웃음꽃이 피게 된다.

1970년대 그 시절에는, 시골에서 농사지을 땅도 없는 소작농 자식들은 어렸을 때부터 돈벌이를 위해 고향을 떠났었다. 주로 서울이나 부산 등지의 대도시로 가서 직장생활을 했었다. 고향을 떠났던 그 사람들이 추석이나 설 명절이 되면 시골 고향에 내려온다. 금의환향하듯 양손에 선물 보따리를 들고 호주머니에는 두툼한 돈지갑을 넣고 고향에 계시는 부모님을 찾아뵈려 내려온다. 그럴 때면, 도회지에서 내려오는 자식들이 있는 집은 시끌벅적 즐거운 웃음소리가 옆집 담을 넘는다. 뼈 빠지게 농사지어도 돈 한 푼 손에 쥐는 게 없는데, 도회지로 나가서 돈을 벌어 한 푼이라도 가져오니 이 얼마나 장하게 보이겠는가. 그러다 보니 시골 친구들은 도회지가 동경의 대상이었다. 특히 서울로 가고자 했었다.

명절을 지내고 나면 동네 젊은 처자들 몇 명이 꼭 사라졌었다. 어쩌면 부모님 몰래 옆집의 언니 오빠를 따라 서울로 서울로 도망가거나, 아니면 돈 벌어오겠다고 부모님께 당당하게 말하고서 서울에서 온 사람들을 따라 고향을 떠나기도 했었다. 1970년대 급속한 산업화 과정을 겪으면서 일손이 부족한 대도시에서 공장을 운영하는 사장님들이 시골에 내려가서 동네 친구들 데려오라고 보너스도 듬뿍 쥐여 주기도 했었다.

나는 돈을 벌어야겠다는 생각보다는 이 시골 학교에서 운동을 더는 하지 않겠다고 다짐을 했었다. 이 좁은 시골에 있어 봐야 배울 것도 하나 없고, 촌뜨기로 늙어 갈 게 뻔했다. 그래서 나는 서울로 가서 더 많은 것을 보고 배우고 싶었었다. 언니가 서울에서 살고 있으니, 이 얼마나 다행스러운 일인가? 이번에 내려온 서울 언니를 따라가지 않으면 영영 시골구석을 벗어날 수 없겠다는 생각에 언니가 서울 갈 때

무조건 따라가야겠다고 마음을 굳게 먹었다. 언니처럼 예뻐지고도 싶었기에 나는 잘나가는 언니에게 매달려 도시녀로 변신하고 싶었다.

그렇다. 이번에 언니가 서울로 올라갈 때 나도 따라가야겠다고 마음먹은 이상 아무도 눈치채지 못하게 행동을 개시했다. 최대한 언니 몰래 준비했다. 속마음을 들키면 곤란한 일이 생길 수 있으니 짐짓 아무 일도 없는 듯하면서, '언니야 언제 서울 갈겨?' 하고 물으니 언니가 '음 내일 갈려고 한다.'라고 말했다. 그때 당시에는 서울 가는 버스가 자주 있는 것도 아니고 언제 간다고 하면 그 버스뿐이었을 때였다. 버스표를 예약하는 것이 아니라 먼저 와서 표를 사면 되는 그런 시절이었다. 그래서 언니 몰래 정류장에 가서 서울 가는 버스표를 사 들고 집으로 들어왔다. 나는 서울행 버스는 탈 수 있어도 서울에서 내리면 어디로 가야 하는지를 몰랐었다.

'누구도 나의 앞길을 막지 못할 것이다. 나는 이곳에 처박혀서 살 수만은 없다. 서울 가서 내 하고 싶은 것 실컷 해봐야겠다. 그래야 후회가 남지 않을 것이다'라고 다시 한번 마음을 다잡았다. '하고 싶은 것은 해보지 않고 후회하면 자꾸 뒤를 돌아보게 되지만 하고 싶은 일 도전해서 실패하면 배운 게 있고 남는 게 있을 것이다. 앞으로 더 잘할 수 있는 기회가 많이 있을 것이다'라고 생각하니 두려움이 가셨다.

날이 새기를 기다렸다. 나는 아무도 모르게 집을 나섰다. 언니보다 먼저 정류장으로 달려갔다. 버스에 올라타고서 언니에게 들키지 않으려 맨 뒷좌석에 몸을 숨긴 채 언니가 올라오기를 기다렸다. 언니는 내가 그 버스에 타고 있는 것을 모르고 있었는데 차표를 확인하는 과정에서 들통이 났다. 언니는 내리라 야단을 쳤다. 머리끄덩이만 잡지 않았을 뿐이지 사생결단으로 내리라 했다. 하지만 내가 누군가. '한다 하면 한다'는 천하의 조슬빈이 아니던가. 나도 강단 있게 버텼다. 나는 '내가 살아남기 위해서 남들보다 먼저 성공하기 위해서 반드시 서울로 올라가야 한다'라고 말하며 바싹 엎드려 빌었다. 그러면서 동네 우세는 다 샀다. 버스에 타고 있는 사람들이 모두 한동네 사람들이니 거 누구 집 딸년이 서울로 줄행랑을 쳤다는 소문이 곧장 났을 것이다.

그래도 어쩌랴 내 손에는 이미 돈을 지출하고 산 차표가 들려 있으니 버스에서 내리지 않을 권리도 있었다. 내가 내리지 않고 버티고 있는데 버스 출발 시간이 되었다. 한바탕 소동은 있었지만, 버스는 나를 싣고 그대로 출발했다. 언니 눈치를 보면서 그렇게 서울로 올라왔었다. 서울에 도착해서도 언니는 나를 시골로 내려보내려 갖은 애를 썼다. 시골에서 중학교 체육 선생님이 찾아와서 끌고 가려고도 했었다. 한 번 벌어진 일이고 나도 서울에서 출세 한 번 해보겠다고 왔는데 어찌 내려갈 것인가. '언니 집에서 나가라 하면 짐을 싸 들고 나가기는 하겠지만 시골로는 절대 내려가지 않겠다'고 버티면서 흔들거리는 이를 다시 악물었다. 여기서 무너지면 안 된다고 강단 있게 버텨냈었다.

언니의 눈치는 한겨울 시베리아의 찬 바람 불 듯 사나웠다. 어쩌면 화양리까지는 언니를 믿고 따라왔지만, 이제부터는 오로지 '내 인생은 내가 책임지고 나만 믿어야 하는 상황'이었다. 그런 눈치가 싫어서 나는 독립을 선언하고 화양리를 떠나 독립운동하듯 가방 하나 둘러메고 도산동으로 향했다. 언니가 그렇게 예뻐 보이지만 않았어도 그렇게 무리하게 상경하지는 않았을 터인데, 지금 생각해보면 언니는 왜 나를 끝까지 상경하지 못하게 하지 않았을까 궁금하다.

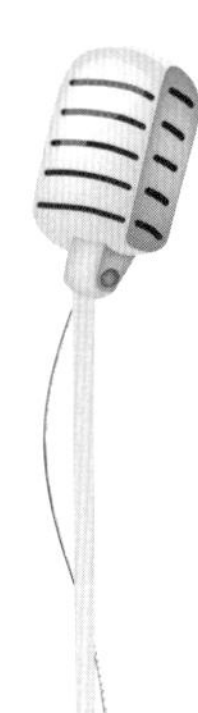

오빠,
그곳은
춥지 않겠지

오빠는 우상이었고 아빠의 자리였다

'오빠 나 스케이트 탈래', '오빠 나 자전거 탈래', '오빠 나 외할머니가 보고 싶어'

'지금 내가 하는 말 잘 들려?','그곳은 춥지 않아', '대답해봐 오빠'... 문득문득 그립고 보고 싶은 사람이다.

나는 2남 2녀 중 셋째로 태어났다. 언니, 오빠, 나, 그리고 남동생.

오빠는 어려서부터 키가 컸다. 그래서 중학생 때부터 지역에서는 상당히 유명한 배구선수로 활동했었다. 고등학교 다닐 때 서울에 있는 유명한 실업 배구팀으로 스카우트 되어 화양리에서 언니와 함께 살게 되었다.

아빠는 내가 5살 때 돌아가셨다. 그래서 오빠는 항상 아빠의 빈자리를 대신 차지했었다. 나를 너무너무 예뻐해 주었다. 아빠가 채워주지 못한 그 빈자리를 오빠가 그렇게 채워주었다.

내가 자전거 타는 방법을 가르쳐 달라고 하면 기분 좋게 가르쳐 주었다. 스케이트를 타보고 싶다고 했더니, 발 사이즈가 맞지 않으니 끈으로 단단하게 매어주면서 타는 요령을 가르쳐주었다. 사실 아버지는 내가 여자이기 때문에 자전거나 스케이트를 사 주지 않았을 뿐더러 전혀 타지 못하게 했었다. '여자는 그런 거 타는 게 아니야'라고 핀잔만 주었다. 그러는 아빠를 몰래 하고 오빠는 그렇게 나에게 이것 저것 모두 가르쳐 주었다. 싫어하거나 찡그리는 법이 없이 자상하고 따뜻하게 챙겨주었던 오빠였다.

부여에 있는 외할머니댁은 버스로 가면 1시간 남짓 걸린다. 갈 때는 버스로 가지만 올 때는 오빠와 함께 걸어서 몇 개의 산등성이를 넘어왔다. 외할머니가 주신 용돈은 고스란히 나에게 주었다. 외할머니가 주신 그 용돈을 아끼자고 오빠는 그렇게 먼 길을 함께 걸어온 것이었다. 재미있는 이야기를 해주고, 내가 물어보면 오빠가 대답하고, 스무고개 하듯 몇 고개의 산을 오르내리며 그렇게 걸어왔다. 오늘도 함께 걷고 싶은데, 그런 젊은 오빠가 지금은 내 곁에 없다. 갑자기 오빠가 보고 싶다.

오빠는 서울에서 실업팀 배구선수로 활동을 했었다. 그래서 일반 직장인 연봉의 세 배 정도를 받았다고 했다. 오빠 지갑 속에는 현금이 항상 가득 들어 있었다. 그런 오빠가 나에게는 항상 든든한 버팀목이었다. 나이가 들어가니 오빠에게도 여자친구가 생겼었다. 그 여자친구는 가정 형편이 넉넉하지는 못했나고 했나. 큰딸이어서 생활비를 벌어 엄마에게 보내주고 있었는데 엄마가 갑자기 돌아가셨다. 그래서 그 여자친구는 아버지와 동생들을 위해 시골로 내려갔

었다. 오빠는 그 여자친구가 보고 싶어서 시골에 다녀오겠다고 했다. 그러면서 현금도 제법 많이 찾았었다. 그렇게 두툼한 지갑을 들고 시골에 내려갔었는데 그곳에서 깡패놈들을 만났었다. 돈을 달라고 하는 그 깡패 새끼들은 처음에는 세 놈이었다. 오빠는 운동으로 단련된 몸이라 그 깡패들을 우습게 보고 싸움을 시작했다. 세 놈을 모두 제압했었는데, 어느새 열 놈이 달려들었다고 했다. 각목을 들고 달려드는 그 열 놈의 깡패 새끼들을 어찌 감당할 수 있겠는가. 아무리 운동을 했다고는 하나 혼자서 상대하기에는 중과부적(衆寡不敵)이었다. 그 깡패 새끼들은 내 오빠를 각목으로 사정없이 두들겨 팼다. 오빠는 그때 머리를 많이 다쳤다. 현장에서 죽지는 않았지만 이미 부러질 대로 다 부러진 갈비뼈, 머리와 속이 어디 온전하였겠는가.

머릿속은 온통 하얀데 마음은 왜 이리 까맣게 타들어 갈까?

그 후유증은 실로 컸다. 우리 가족과 내 인생을 송두리째 바꾸어 놓았다. 어찌어찌해서 오빠의 육신을 살려내긴 했으나 정신은 온전하게 살려내지를 못했었다. 평상시에는 정신이 멀쩡하다가도 갑자기 정신착란증이 도지면, '그때 그 깡패 새끼들 잡아 죽이겠다'라고 부르짖으며 그 사고현장으로 달려가기 일쑤였다. 다른 가족들도 살아야 하기에 하는 수 없이 오빠를 정신병원에 입원시켰다. 내가 그 병원으로 면회 갈 때면 그때마다 오빠는 '나는 정신이 멀쩡한데 누나가 강제로 나를 이곳에 입원시켰다. 네가 나 좀 이곳에서 꺼내 주라'라고 말했었다. 그렇게 말할 때는 정말 오빠가 지극히 정상인처럼 보였다. 아니 정상인이 되었다고 믿고 싶었다. 그렇게 2년여의 세월이 흘러 오빠의 정신상태도 조금 나아졌다. 그래서 퇴원을 시켰다.

사람이 죽을 때가 되면 정신이 반짝 돌아오고, 평상시에 안 하던 짓을 한다고 하던데, 오빠가 갑자기 청양을 가고 싶다고 했다. 그래서 청양에 내려가서 엄마와 함께 저녁밥도 맛있게 먹었다. 엄마와 함께 TV에서 하는 일일 연속극도 재미있게 보았다. 그러다가 엄마는 오빠 옆에서 금세 잠이 드셨다. 그러는 사이에 오빠는 제초제를 약인 줄 알고 들이키고는 그만 저세상으로 떠나갔다. 아침에 눈을 뜨신 엄마는 그때서야 큰 사단이 났다는 것을 알았다. '이를 어쩌나 이를 어째, 이 일을 어이 할꼬' 하면서 한동안 말을 잇지 못했다. 아무리 흔들어도 깨어나지 않는 아들을 부둥켜안고 울기 시작했다. '그 년만 아니었어도, 그 깡패 새끼들만 만나지 않았어도...' 그 다음 말이 무슨 소용이 있을까? 참으로 허망했다. 오빠가 가는 길은 우라지게도 축축했다. 그래서 그랬을까 굵은 장맛비가 연사흘 내내 울었었다.

그 깡패 새끼들 지금도 그 짓 하고 있는지 아직도 살아 있는지 이가 갈린다. 그 깡패 새끼들도 그렇지 지갑만 빼앗아 가면 됐지 사람을 그 지경이 되도록 그렇게까지 두들겨 팰 일은 아니지 않았는가 말이다. 그 깡패 새끼들이 아직도 살아 있음에 화가 난다. 하늘은 뭘 하고 있는가? 귀신들은 뭘 하고 있는가? 그 새끼들을 잡아가지 않고서?

그놈의 돈만 아니었어도 하는 생각을 하면서 지금도 돈을 향해 불나방처럼 달려들고 있는 나를 되돌아본다. '그 지갑을 그냥 그 새

끼들에게 던져주지 그랬어! 그까짓 지갑이 뭐라고 귀한 생명과 바꾸고 그랬어. 바보처럼 왜 왜 왜 그랬어?' 피눈물이 도끼가 되어 내 가슴을 사정없이 후려 패고 있다. '오빠, 거기는 어때, 춥지는 않아' 힘들고 지칠 때마다 오빠가 있는 먼 하늘을 바라보고 하는 습관이 지금까지도 여전히 팽이처럼 맴돌고 있다. 운명의 덫이란 너무 가혹하고 아픈 추억의 한 페이지로 남는다.

03.

미움과 분노를 쫓아낼 용기를 주시옵소서!

한 방에 훅 갔다

나는 중학교를 갓 졸업하고 언니 바짓가랑이 붙잡고 무작정 서울로 도망을 치듯 올라왔었다. 언니의 시어머니 같은 눈치에 독립선언을 했다. '그래 나도 내 하고 싶은 것 실컷해 보자. 그까짓 것 나라고 못할 쏘냐!' 하면서 화양리에서 독산동으로 주거지를 옮겼다. 세상 물정 모르면서 날뛰는 열아홉 살 어린 나이에, 반드시 성공해야겠다는 의지와 오기로 똘똘 뭉쳤다. 나의 꿈은 파릇파릇했다. 농구를 해서 그런지 내 키도 제법 컸다. 겉으로 보면 다 큰 처녀였다.

서울 물을 먹다 보니 역시 예뻐지는가 보다. 어디를 가나 한 미모를 뽐냈다. 그 시절에는 탤런트가 되는 꿈을 꾸고 있었다. 화양리에서 알게 된 언니와 함께 독산동 쪽방에서 자취했다. 다행스러운 것은 독산동 부근에서 고모가 가방, 벨트, 액세서리 등을 파는 가게를 운영하고 있었다는 것이다. 급한 대로 고모네 가게에서 판매원으로 일을 했었다. 그러다가 그 가게에 달콤한 커피를 가져다주는 낯선

인연을 만났었다. 얼굴은 훤칠하고 부잣집 아들처럼 잘 생겨 보였다. 어렸을 때부터 '낯선 사람이 과자를 주면 받아먹지 말고 따라가자 해도 따라가면 안 된다'라고 교육을 잘 받았으면 이 낯선 인연을 경계했을 터인데. 진한 커피 향에 하얀 프림이 녹아 내리 듯, 내 마음은 어느새 허물어진 울타리를 넘어가고 있었다. 서울 가면 눈 뜨고 코 베인다는 소문이 있었는데 두 눈 똑바로 뜨고서도 그 남자에게 손이 잡히고 마음이 포로가 되어갔다.

운명의 실타래가 꼬인다. 꼬이지 않으면 끊어진다

가게에서 같이 근무하던 친한 언니가 이 낯선 남자를 오래전부터 좋아하고 있었다. 달달한 커피를 사들고 가게에 자주 들어오던 이 남자는 어느새 내 맘을 사로잡았었다. 어느 날 이 낯선 남자가 같이 근무하는 언니를 자기 집으로 초대했다. 언니는 신이 나서 나에게 한마디 했다. '그 오빠가 너도 데려오라고 하던데 함께 갈래?'라고 묻는 것이다. 그래서 나도 몰래 '아 그래요. 마땅히 갈 데도 없는데 저도 데려가 주시면 감사할 일이지요'라고 대답을 해버렸다. 이 남자는 겉으로는 언니를 좋아한 것처럼 행동했으나, 속마음은 전혀 아니었다. 언니는 토실토실한 밑밥이었고 속셈은 순진한 나를 노리고 있었다. 한 살이라도 덜 먹은 젊은 여자, 얼굴도 그런대로 예쁘장하고 키도 크고 날씬했으니 아무래도 그 언니보다야 나를 찜하는 것이 당연했으리라. 그런 무서운 음모가 진행되고 있는 줄도 모르고 나는 아무 생각 없이 언니를 따라나서기로 했다. 언니는 있는 멋 없는 멋 다 부리며 아껴두었던 공주 옷을 꺼내 놓고 '이 옷이 어울리겠지?' 혼자 말을 하면서, 립스틱은 생쥐 잡아먹은 듯 빨간색을 요리조리 바르고 입

술을 실룩실룩 거렸다. 그러면서 콧노래도 불렀다. 나도 덩달아서 고운 옷을 찾아 입고 멋도 부렸다. 하지만 언니를 따라잡기에는 부족함이 많았다. 그렇게 운명의 집 그 남자의 집을 찾아갔다. 그 남자의 집에서 커피 한잔 마시고 난 후, 영화관에 갈 만한 형편도 안되고, 노래방 시설도 없던 시절이라 그 주위에 있는 포장마차로 함께 갔다. 건물에 세 들어갈 형편이 안되는 사람들은 도로변에서 리어카 위에 천막을 두르고 간단하게 포장마차를 차렸다. 가격도 저렴하니 대유행을 했던 시절이었다. 나와 언니는 그 포장마차에서 닭똥집을 안주 삼아 맥주 한잔 마셨다. 이 낯선 남자는 이 동네에서 부잣집 아들로 소문난 한량이었다. 옆에 따라다니는 사내 녀석들도 모두 그렇고 그런 사람들이었다. 이 남자는 거들먹거리는 후배들을 모두 포장마차로 불러서 일장 연설을 했다. '이 아가씨는 내가 찜했으니 너희 놈들은 이제 더는 찝쩍거리지 말아라. 알았나' 하니 나에게 입맛 다시고 눈독을 들이던 동네 총각들이 '예' 하며 머리를 조아렸다.

맥주 한잔에 취기가 올라왔다. 점점 내 몸을 가눌 수도 없고 아무런 느낌도 없었다. 매너가 좋고 얼굴도 미남인 그 남자를 마음속에 품고 있던 나는 저절로 심장이 두근거렸다. 맥주 한잔이 사랑의 마음을 열어주는 묘약인가 보다. 봄볕에 꽃 몽우리가 톡 터지듯 그렇게 내 마음은 걷잡을 수 없이 그 남자를 향해 꽃잎처럼 열리고 있었다. 언니는 언제 떠났는지 알 수 없지만 이미 내 곁에 없었다. 올 때는 같이 왔는데 왜 나만 홀로 두고 먼저 갔느냐고 따질 수도 없었다. 나는 이 남자를 따라가면서도 어디로 가냐고 묻지도 않았고 반항도 하지 않았다. 몸이 가는 데로 마음이 가는 데로 맡기고 있을 뿐이었다. 우리가 들어간 곳은 여관이었다. 나는 그곳에서 내 순정

을 앗아간 이 낯선 남자와 풋사랑을 하게 된 것이다. 분명 내가 언니를 밀쳐내고 이 남자의 손을 낚아채고서 함께 걸었던 기억은 있는데 그 이후에 일어난 일들은 기억나지 않으니 황당할 따름이었다. 사랑에 눈이 멀면 세상은 모두가 천국으로 보인다.

좋은 인연인지 나쁜 인연인지 가늠해볼 시간도 없이 막무가내로 그 인연이 내 품을 쿡 찌르고 들어왔다. 나는 내 마음을 세 놓은 적이 없었는데, 세 놓는다고 말한 적도 없었는데 그 남자는 그렇게 오래전부터 내 마음에 입주해 있었다. 나는 그렇게 마음을 확 열어버리고 한 방에 훅 가버렸다. 아우토반을 달리는 사랑의 속도전이 이렇게 빨리 끝날 줄은 몰랐었다. 경마장을 달리는 경주마들도 정말이지 눈 깜짝할 사이에 결승지점을 통과하더라도 숨을 헐떡거리면서 그 기수와 함께 천천히 되돌아오는데 나는 연애다운 연애도 한번 해보지 못한 채 그렇게 신혼살림을 차려야 했다. 사랑의 밀당을 어떻게 하는지 한 번도 배워보지 못한 상태로 나는 어른아이가 애 엄마로 변신하고 있었다.

더군다나 그날 딱 한 번의 화려한 정사가 첫아이의 임신으로 이어졌으니 이 얼마나 놀라운 축복인가? 청양군에 있는 호수의 신비스러운 음기와 칠갑산의 양기를 상징하는 남근바위를 온몸으로 받아들인 것인가? 청양고추의 매운 열기를 그대로 품었는가? 그때 그 낯선 인연이 바로 지금의 내 남편이다. 숫처녀인 나의 청춘을 저당잡은 남편은 탤런트를 뺨치는 미모의 어린 아가씨를 마누라 삼았다고 큰소리치며 자랑할 법도 한데, 온통 사주경계를 하며 잔뜩 움츠렸다. 호시탐탐 나를 낚아채서 보쌈할 기회만 엿보고 있는 동네 사내 녀석들이 사방에 득실거리니, 그 어떤 놈도 넘보지 못하게 자기가 사는 방에 꼭꼭 숨겨두었다. 세상 물정 알 길 없는 어린 나를 이렇게 보쌈하다시피 독산동 쪽방에 가두었다. 시댁의 작은 어머니가 우리가 사는 쪽방 2층에 살고 계셨다. 한동안 아무것도 모르고 지냈었는데, 다른 시댁 식구들도 그 주위에 쫙 깔려 있어서 그 사람들이 나를 24시간 감시하고 있음을 직감적으로 알았다. 어쩌면 나를 '움직이는 지뢰'인 양 그렇게 취급을 했었다. 한 발짝 움직이면 삐!삐!삐! 하고 신호가 잡히는가 보다. 보이지 않던 남편이 어디에선가 득달같이 쫓아 나온다. 신의 계획이 이리도 완벽했을까 싶다? 아니면 신의 계획이 철저하게 어긋난 것일까? 내 남편의 입장에서는 완벽하게 성공한 결혼작전이었지만 나는 철저하게 올가미에 걸려든 연애가 아닐까 싶다.

여덟 살이나 어린 젊고 예쁜 마누라를 얻었으면 밥이라도 배불리 먹게 해주어야 할 것 아닌가? 나는 밖으로 나가지도 못하게 방구석에 가두고, 내 뱃속에는 아이가 숨 쉬고 있는 것을 전혀 모르는 사람처럼 그렇게 태평이었다. 남편은 간판업 등을 하면서 생활비를 버는 듯하다가 재미가 없다는 핑계로 일을 그만두었다. 그때부터 동네 당구장을 무시로 출입하면서 정말이지 돈을 벌려고 하지 않았다. 버는 재주는 없으면서 쓰는 재주만 키웠다. 그러면서도 시댁에 생활비를 드려야 한다면서 큰소리를 쳤다. 아무리 내가 어리다고는 하나 상식적으로 이해가 되지 않았다. 얼굴 잘생긴 사내 녀석들은 얼굴값을 한다고 하던데 정말 그런가 하는 생각이 들었다. 기가 막혀 가슴이 먹먹해졌다. 앞날을 생각하니 캄캄해졌다. 여자 팔자는 뒤웅박 팔자라고 하더니만, 내가 사는 초라한 꼴이 꼭 끈 떨어진 두레박 신세 같았다.

액세서리 가게를 하는 고모는 시댁배경이 점잖고 여유가 있으며 살만하다고 하면서 믿고 살라고 하셨다. 동네 유지 행세를 하며 떵떵거리고 산다는 그 말을 나는 일도 의심하지 않고 그렇게 믿었다. 그런데

지금의 이 상황은 도대체 무엇이란 말인가. '설마 고모가 조카에게 거짓말을 했겠어'라는 일말의 의심이 사라지지 않았다. 그때 독산동에서 함바집 같은 식당일을 하시던 시어머니는 안산으로 내려가셨다. 식당일을 하시면서 모아 둔 돈 170만 원을 몽땅 투자해서 그 시골집을 사 둔 모양이었다. 그래서 나는 남편에게 안산 시댁으로 들어가자고 했다. '두 집 살림하면서 쓸데없이 돈 낭비할 필요가 없고, 몇 달 후 첫애를 낳으면 시어머니께 애를 맡기고 나도 일을 해야겠다'라고 말했다. 그렇게 말을 하니 남편도 군말하지 않고 안산으로 내려왔다.

그때부터 지금까지, 스무 살 새댁에서 세 아이 엄마가 되고 가수가 되는 동안 안산에서 쭉 살고 있다. 지금까지 천하 한량인 남편을 어떻게 하늘처럼 받들고 살 수 있었는지 지금 생각해봐도 이해 불가다. 죽어야겠다는 생각으로 날을 지새운 적이 어디 한두 날이던가. 젊은 시절에 탤런트가 되겠다는 나의 꿈은 산산이 부서졌지만, 참고 견디며 이룩한 덕분에 지금은 전 국민의 사랑을 듬뿍 받는 가수의 꿈이 주렁주렁 영글고 있다. 청양고추 뜨거운 정기가 천장 호수 물줄기를 철렁거리며 휘젓고 있다.

남편과 나는 8년 정도 나이 차이가 난다. 낯선 인연은 전라북도 부안에서 출발하여, 충청남도 청양을 거쳐 서울로 가는 급행열차였을까? 화양리에서 독산동으로 안산으로 돌아가는 완행열차였을까? 안산역에 짐을 풀고 지낸 세월이 얼마인가?

스무 살 때 첫애를 낳고 다음 해에 둘째를 낳고 4년 뒤에 셋째를 낳았다. 모두 아들이다. 나의 순결을 아낌없이 바친 그날 첫 아이를 만드는 기술은 누구에게서 배웠을까? 내 남편도 용호장군 잉태바위의 신기를 물려받았는가? 일머리는 하나도 없고 멀쩡한 허우대만 자랑거리인 듯 내밀고 다니는데도 아들 만드는 기술은 다른 남자보다 훨씬 뛰어났나 보다. 지금도 '남자는 기술이야' 하고 큰소릴 치고 있다.

비단길인 줄 알았는데 화려한 낙엽에 가려진 늪이었다. 때로는 낙엽이 묻은 길에서 낙엽에게 길을 물어야 할 때도 있다. 잘난 얼굴만큼이나 잘 포장된 아스팔트 길인 줄 알았는데, 시커먼 뱀들이 우글거리는 자갈만 뒹구는 꼬부랑 길이었다. 뱀을 멀리 쫓아내고 자갈을 치우니 꽃길로 변했다. 이 남자 가슴이 너무 편해서, 멀리 떠나도 전혀 걱정하지 않는다. 그런데 어느 날인가부터 내 앞에 나타나지 않으면 덜컥 겁이 나기도 한다. 처음인 듯 마지막 같은 느낌, 연락이 없으면 내가 먼저 연락해야지. 어떻게 할지 모를 때는 마음이 시키는 대로 따라 하면 되는 것 같다. 함께한 시간이 정말 소중하니까. 오징어 다리만 씹어야 맛있는 게 아니다. 소중한 추억도 반추하며 씹는 맛도 일품이다. 갑자기 〈미운 사내〉라는 노래를 크게 틀고서 자전거동호회 회원들 대여섯 명이 바람처럼 휙 지나간다.

청양에서 발견된 '용호장군 잉태바위' 모습

스무 살 새댁, 시댁의 가장(家長)이 되다

초아(超我)의 봉사(奉事), 멸아(滅我)의 헌신(獻身)

독산동 숫총각들을 가슴설레게 했던 풋풋한 어린 학생, 백수건달 장남에게 보쌈당해온 철없는 20살의 맏며느리, 시동생들에게는 엄마 같으면서도 엄한 누나, 동네 어르신들에게 며느리 쟁탈전을 일으켰던 조슬빈, 동네 어귀를 지나가면 저 처자는 누구 집 며느리가 될지가 모두의 관심사였다. 요즘 말로 핫한 뉴스를 몰고 다니는 사람이었다. 깔끔하게 정리정돈 잘하고, 하는 말마다 넣고 빼고 할 것도 하나 없는, 똑 부러지는 시어머니의 막내딸이었다.

새벽이면 어김없이 동네 어귀를 모두 빗자루로 쓸어 온 동네를 말끔하게 해주는 아가씨, 손이 쉴 새 없이 부지런하고, 키도 크고, 얼굴도 보름달처럼 예쁘고, 모난 데 하나 없는 아삭한 성격, 마음씨는 아기천사를 닮았다. 옆집 감나무 끝에 걸린 잘 익은 빨간 홍시

같았다. 동네 어르신들은 정월 대보름날이면 보름달 쳐다보며 내 며느리 삼게 해주세요 하고 빌었다고 한다. 어느 할아버지는 천지 신명께도 빌고 달님께 빌고 별님에게도 빌었다고 한다. 동네 건달 같은 사내들에게 혹여 납치라도 당할까 봐, 내 남편이 일찌감치 보쌈해서 골방에 가두어 놓았으니, 숫 총각들 발정난 듯 온 동네가 밤새 시끄러웠다.

20살 새댁이 시댁 무서운 줄 어찌 알았겠는가? 친정엄마보다 할머니 손에서 선머슴처럼 자란 탓에, 생긴 것은 어여쁜 여자 같아도 하는 짓은 꼭 사내아인 것을. 결혼하기 전에는 시댁이라는 단어를 알지도 못했고, 시집을 가면 시댁에서는 어찌 어찌해야 한다는 교육도 제대로 받아본 적이 없는 말괄량이 같은 풋풋한 새댁이었다. 그러니 시어머니의 시집살이가 무엇인지 어찌 알겠는가. 한순간 보쌈하듯 데려온 며느리에게 시어머니는 자신의 막내딸이려니 하고 딸 대접을 해주었다. 어쩌면 못난 아들이라 생각했는지도 모른다. 놀고먹는 대학생 남편을 보고 있는 시어머니가 어찌 며느리에게 시집살이를 시킬 수 있었겠는가? 그러다 보니 며느리가 아닌 딸이 되어버린 새댁이었다.

자기 자식이 얼마나 못났으면 며느리가 벌어온 돈으로 생활을 한단 말인가. 이런 못난이 백수 아들을 보면서 어찌 며느리 눈치가 보이지 않았겠는가. 그런 사정을 잘 아는 새댁은 무조건 딸이려니 하면서 만인의 연인이 되려고 했다. 나이 어린 시동생들에게도 엄한 누나, 따뜻한 누나가 되었다. 한집에서 함께 살아야 하기에 누나 말을 잘 들어야 한다고 세뇌를 시켰다. 인생 상담은 물론 취업에 관한 문제도 가정 형편에 대한 것도 진솔하게 설명해주었다.

그랬더니 폼을 잡고 담배를 피우던 시동생은 곧바로 담배를 끊었다. 형수의 잔소리를 누나의 하소연으로 받아들인 것이다. 그 시동생은 대학생 시절 형수가 노래를 좋아하는 것을 알고서, 노래하는 친구들을 집으로 데리고 와 일박을 하며 형수와 함께 노랠 불렀다. 덕분에 시아버지와 함께 노래 부르며 춤을 추는 기회가 많았다. 노래를 부를 때면 어김없이 시아버지를 불러내 함께 춤을 추었었다.

막내 시동생은 군을 마치고 집에 있는 동안 '금성사' 대리점에서 일을 배우도록 했다. 군말 없이 형수의 말을 따라주었다. 그래서 1년 뒤에 '금성사' 대리점을 시동생과 함께 운영했다. 그만두겠다고 하면, '큰 형님이 이렇게 놀고 계시는데 도련님이라도 조금 도와주셔야 해요. 그렇지 않으면 이 집 살림을 어떻게 해요' 하니 또한 형수의 말을 들어주었다.

시어머니는 항상 내 손을 잡고 성당엘 가자고 하셨다. 기도에 열중하시면 옆에서 구시렁거리기도 했다. 길 잃은 양이 언제나 제대로 돌아올까 손꼽아 기다려 주시는 것이었다. 동네 마을에서 하는 봉사활동도 시어머니와 늘상 함께 다녔다. 그러다 보니 자연스럽게 다정한 모녀지간이라고 소문이 났다. 시어머니 친구분들이 오시면 한결같이 먹을 음식을 푸짐하게 대접해 드렸다. 애들 굶기는 것도 싫었지만 집에 찾아오시는 사람들 굶겨 보내는 것도 그렇게 싫어했다.

시댁 식구들을 위해 항상 웃었다

돈 벌어오지 않는 남편을 시댁 식구들 앞에서 한마디도 불평하지 않았다. 내 얼굴만 바라보고 있는 시댁 식구들, 혹여 내가 찡그리면 시댁 식구들이 불편해할까 봐 내 얼굴을 항상 밝게 하려고 했다. 그래서 거울을 하루에 250번 이상 바라봤다. 화장실이면 화장실 거울을, 거실이면 거실 거울을, 현관이면 현관 거울을 바라보면서 방실방실 웃는 연습을 했다. 싱글벙글 웃는 얼굴 들이대면서 시댁 식구들의 먹고사는 문제를 해결하기 위해 집 주위에 있는 식당에 홀 서빙 종업원으로 취업했었다. 그렇게 생활비를 벌어오니 자연스럽게 모든 의사결정이 며느리를 중심으로 돌아갔다. 그러다 보니 자신도 모르게 시댁에서 가장 아닌 가장 노릇을 하며 여왕이 아닌 왕초가 되었다.

시어머니는 내가 물을 쓰는 것을 그렇게 싫어했다. 그래서 시어머니께서 성당을 가지 않으신 날에는 옆집에 들어가서 목욕을 하고 왔다. 식당일을 하고 나면 냄새가 온몸에 배고, 땀 냄새가 진동하는데 왜 못 씻게 하셨을까? 어린 며느리 예쁜 며느리가 목욕제계(沐浴齊戒)하고 줄행랑을 칠까 봐 겁이 나서 그랬을까? 아니면 물세가 그리도 아까웠을까? 시어머니의 생전 사진을 한 장 치켜들고 물어본다. '어머님! 그때 저에게 왜 그랬어요?'

허수아비 세워놓고, 눈물 바쳐 빌었다

굳세게 철조망을 치고 튼튼하게 말뚝을 박아도 시린 바람은 막을 수 없었다

급한 일이 생겨 남편을 호출해도 대답이 없다. 참새가 '짹짹' 하면서 대답한다. 허공 속의 메아리일 뿐이다. 화성에서 온 남자와 금성에서 온 여자가 대화하는 것처럼, 같은 말은 하는데 뜻이 다르니 다툼이 일 수밖에 없다. 나는 이러이러할 땐 이렇게 해 왔는데, 남편은 그러그러할 땐 그렇게 해왔다고 주장한다. 본인 말이 맞다고 큰소리를 친다. 지금까지 살아오면서 곧장 해오던 방식이 달라도 너무 달랐다. 끼워 맞추려 각각의 구멍을 파기는 하지만 서로 다르다 보니 꼭 들어맞지 않고 어긋나기 일쑤다.

처음에는 도시 남자들은 저렇게 살아도 되고 시골 처녀는 이렇게 고생 고생하며 살아야 하는 운명인가라는 서글픈 생각이 들었다.

내 팔자는 '동아줄 끊어진 두레박 팔자'려니 하면서 체념했다. 세상 물정 모르는 남편은 '오늘은 어느 정치인을 만나 주거니 받거니 선거운동을 하고 있겠거니' 하면서 텅 빈 마음을 달래고 있는데, 느닷없이 남편이 도박판에서 기웃거린다는 속보가 들어왔다. 믿을 수 없었다. 아니 믿어서는 안 되는 소식이었다. 설마 '내 남편이 그럴 리가 있겠어' 하며 강하게 부정했었다. 시동생은 화들짝 놀라면서 내 손을 이끌고 현장을 가보자고 했다. 그런 시동생을 달래어 주저앉히기는 했지만 두려운 마음이 가신 것은 아니었다. 날밤을 새우고 들어온 남편이 봉투를 건네주었다. '이 돈으로 맛있는 거 사 먹으라' 말했다. 그래서 어제는 계약이 잘 되었는가 보다 하면서 '남편을 믿은 내가 잘했지' 하고 안도했었다. 불안 불안한 마음, 바람 불면 바람에 실어 보내고 새가 울면 새와 함께 울부짖고, 비가 내리면 빗물에 실어 보냈다.

나를 닮은 듯 안 닮은 듯, 오늘은 남편이 왠지 낯설다. 항상 믿음이 되어주는 사람이거나 평생 등받이가 되어주는 사람이라 생각했는데, 돈은 벌어오지 않아도 날마다 감동을 주는 사람, 그런 사람이기를 어제도 소망했고 오늘도 빌었고 내일도 기도할 것이다. 놀다가 새벽녘에 들어와 자는 사람 깨우는 낯선 인연이 아닌 하루 종일 그의 품에 안겨서 편하게 잠들고 싶을 때도 많았다. 입이 있어도 말을 하지 않고 손이 있어도 일손 거들지 않는 투명인간은 아니겠거니 하고 믿었다. 남편이 들어오지 않는 날은 허수아비를 그려 벽에 붙여놓고 청정수 한 그릇 떠올리고 마음 바쳐 빌었다.

허수아비도 허수아비 나름 아니던가. 허허 들판에서 땡볕을 쏘이는 허수아비는 참새 부리의 공격을 받거나 비가 오면 비를 쫄쫄 맞

으며 눈물 아닌 눈물을 흘려야 한다. 참새들이 다가오는 것을 막아내는 훌륭한 보초병이지만, 참새들 입장에서는 먹이를 먹지 못하게 하는 악마에 지나지 않는 것이다. 당산나무 아래 서 있는 허수아비와 들판에나 서 있는 허수아비는 같은 허수아비가 아니다. 당산나무를 지키는 허수아비는 날마다 마을 사람들의 정갈한 마음을 한상 받는다. 사람들은 그 허수아비를 보면서 빌고 또 빈다. 내 자식 내 가족 잘되라고, 우리 마을 풍년들게 해달라고 빈다. 동네 사람들의 소원을 들어주고 좋은 일을 성사시키는 천사 같은 역할을 한다. 그래서 천하대장군(天下大將軍), 지하여장군(地下女將軍)으로 칭송받게 되는 것이다.

나도 허수아비 같은 인형을 방안에 세워놓고 빌었다. 오랫동안 함께할 좋은 인연으로 돌아오라고 빌었다. 내가 조금이라도 비빌 언덕이 되어주기를 소망했었다. 허우대만 황소 같지 정을 붙일 데라고는 눈곱만큼도 없었지만 그래도 내 사랑 내 남편 아닌가. 나의 첫 인연이 아니던가. 찬 바람 불면 막아줄 언덕이 되어줄 거라 굳게 믿었다. 희망이 때로는 핫바지에 바람 새듯 하더라도 좋은 인연 질긴 인연으로 이어지길 간절히 소망했었다. 세 아이 모두 아프지 않게 모나지 않게 자랄 수 있도록 보살펴 달라고 기도를 드렸다. 시댁 식구들과 웃고 지낼 수 있도록 간절히 빌었다. 그런 나의 간절한 기도가 하늘에 닿았을까? 어느 때부터인가 남편은 나에게 좋은 인연으로 변해갔다. 마음속의 수호천사가 현세에 나타나서 나를 행복의 나라로 인도하고 있는 착각이 들 정도다. 젊어서는 그렇게 죽도록 나를 힘들게 하더니만 지금은 여왕으로 받들겠다고 야단이다. 집안 살림은 물론 청소와 빨래 김치를 담그는 것도 이제는 남편 몫이 되어 가고 있다. 나 잘났다고 못난 남편이라 나쁜 인연이라 내치지 않고, 세 아들 내팽개치지 않고, 못난 남편에게서 도망가지도 않고 지금까지 묵묵히 함께 살아온 대가를 이렇게 보상받고 있다. 고생끝에 낙이라고 했던가 이제 서서히 나에게도 희망과 행복한 미소가 내 곁으로 아장아장 걸어오고 있는 듯 세상사는 맛이 깨소금처럼 고소하게 느껴진다.

절망과 희망은 한 글자 차이다

삶이 힘들고 육신이 지쳐갈 때는 언제나 〈삶이 그대를 속일지라도〉라는 시를 외우면서 참고 견뎌내었다. 살아온 세월을 가끔씩 되돌아 보니 아찔하다는 생각도 든다.

삶이 그대를 속일지라도

푸시킨

삶이 그대를 속일지라도
슬퍼하거나 노하지 말라
슬픈 날엔 참고 견디라
즐거운 날이 오고야 말리니

마음은 미래를 바라느니
현재는 한없이 우울한 것
모든 것 하염없이 사라지나
지나가 버린 것은 그리움이 되리니

삶이 그대를 속일지라도
노하거나 서러워하지 말라
절망의 나날 참고 견디면
기쁨의 날 반드시 찾아오리라

마음은 미래에 살고
현재는 언제나 슬픈 법
모든 것은 한순간 사라지지만
가버린 것은 마음에 소중하리라

삶이 그대를 속일지라도
슬퍼하거나 노하지 말라
우울한 날들을 견디며 믿으라
기쁨의 날이 오리니

마음은 미래에 사는 것
현재는 슬픈 것
모든 것은 순간적인 것, 지나가는 것이니
그리고 지나가는 것은 훗날 소중하게 되리니

삶이 그대를 속일지라도
슬퍼하거나 노하지 말라
설움의 날을 참고 견디면
기쁨의 날이 오고야 말리니

홧병은 만병의 근원

홧병은 왜 분리수거가 안 되는가

저명하신 스님이 돌아가시고 나면 사리가 몇 개 나왔네 하는 신문 기사를 본 적이 있지만 멀쩡하게 살아 있는 사람 목구멍을 통해 사리가 나왔다는 말은 난생처음 들어본다. 당해본 사람은 알겠지만 그렇지 않은 사람은 저 말이 무슨 말인가 할 것이다. 죽고 싶을 때, 더는 살고 싶은 의욕이 없을 때, 심하게 스트레스를 받았을 때, 무심결에 튀어나오는 말은 '홧병나 죽겠다'라는 말을 한다. 그놈의 홧병이 눈에 보이면 잡아내거나 덜어내면 되지만 보이지 않는 그 홧병을 어찌할 것인가? 누군가는 우스갯소리로 날라리 병이라고도 말한다.

이것이 '홧병의 증거물이다'라고 증명이라도 하듯, 목에서 좁쌀 크기의 노란색 결석이 나왔었다. 어떤 의사는 이를 크론병의 일종

이라고 말하기도 한다.

죽어야지 죽어야지 하면서도 죽지 못했던 것은, 죽을 마음이 없었던 것보다는 차마 어린아이들을 두고 죽을 수가 없었다고 하는 것이 맞을 것이다. 그렇게 죽고 싶을 정도로 힘들던 시절, 음식을 전혀 먹을 수가 없었다. 아무리 맛있는 음식도 목 넘김을 할 수가 없었다. 물 한 방울도 목구멍을 넘어가기가 무섭게 복통이 밀려 왔다. 가슴도 심하게 쑤셔왔다. 시댁 식구들은 속마음이 썩어 문드러진 줄은 모르고 단순하게 급체했다고 야단법석이었다. 그러면서 손톱 끝을 바늘로 찌르고, 발톱도 그렇게 딴다. 시커먼 핏방울이 흘러나왔다. 그렇다고 살점을 뜯어내는 듯한 통증은 사라지지 않았다. 손톱 발톱에 별짓을 다 해도 아무런 효과가 없었다. 그래서 동네 병원 응급실로 실려 갔다. 응급실에 근무하고 있는 당직 의사는 다 죽은 듯한 나를 이곳저곳 진찰하시더니, '아니, 어찌 이렇게 참고 사시나요?' 하면서 안타까운 듯 한마디 했다. 그러면서 시댁 식구들을 향해 내가 걸린 병에 대해 자세히 설명해주었다. '이러다 며느리 죽이겠네요. 며느리가 스트레스를 받지 않도록 잠시 공기 맑은 곳에서 요양하도록 해주셔야 합니다.'라고 말하는 게 아닌가? 그렇다고 이 의사 선생님의 말씀을 귀담아듣고 있는 시댁 식구들은 아무도 없었다. 돈은 누가 벌어오고 집안 살림은 누가 해야 하는지 답은 이미 정해져 있다는 눈치들이었다. 링거 한 병 맞는 동안 그럭저럭 진통이 가라앉자 응급실에서 도망을 나오듯 집으로 돌아왔다.

인생도 마이너스 대출이 되나요

통장에 적금 붓듯 쓰라린 아픔을 온몸에 쌓으면서 이렇게 버티기를 꼬박 3년의 세월이었다. 가시에 찔리는 아픔보다 기댈 곳이 없다는 서러움이 복받쳐 오를 때면 절망과 원망도 함께 밀려왔다. '엄마 나를 왜 이런 집으로 시집보냈어. 머리채라도 붙잡고 뜯어말렸어야지' 하고 친정엄마에게 하소연 한번 못했다. 내가 이렇게 살고 있다는 사실을 친정 식구들은 아무도 알지 못했다. 건장한 육신과 항상 웃고 있는 얼굴만 보여주었으니 꿈엔들 눈치를 챘을까? 천하여전사 조슬빈이 이렇게 비참한 삶을 살고 있다고 다른 사람들에게 알린다 한들 무슨 소용이 있겠는가. 그런 소릴 듣는 순간 따뜻한 손 내밀고 격려와 위로를 해주기보다는 무시와 조롱만이 따라올 것이 분명했다. 중매결혼도 아니고 연애결혼도 아니고 보쌈당한 결혼이었기에 '이것도 내 팔자소관이려니' 하며 꾹꾹 참고 버텨오고 있었다. 진정 위로가 꼭 필요할 때, 남편의 손길은커녕 그 그림자조차도 구경할 수 없으니 내가 누구를 의지하고 살 것인가? 서러움을 적금 붓듯 그렇게 마음속 깊은 곳에 쌓고 있었다. 이런 마음들이 응어리져서 '홧병 사리'가 만들어지는가 보다.

목장에 가면 젖소 젖통에 흡입기를 대고 사정없이 젖을 빨아내는 것을 볼 수 있다. 그 젖소 주인은 젖을 얻기 위해 젖소들에게 충분한 사료를 먹인다. 아프지 않게 때때로 주사도 놔준다. 나는 그런 젖소보다 못한 신세인가 싶었다. 시댁 식구들은 내 배가 무시로 아프다 보니 이제는 숫제 손발 따는 기계를 사서 집으로 가지고 들어왔다. '나를 돈 버는 기계로 취급하는구나'라는 생각이 들었다. 참

어처구니가 없었다. 속병이 도졌는데 피부만 치료하려는 것과 무에 다를까. 오른쪽 다리가 가려운데 왼쪽 다리를 긁고 있는 것과 하등 다를 바 없는 것이다.

나는 돈만 벌어오는 로봇이 되어가고 있었다. 다음 날 새벽 출근하기 위해 진통제 몇 알 삼키고서 억지로 몸을 추스르고 일어나지만, 이것이 어찌 온전한 몸이겠는가. 공장에서 일하는 기계도 고장이 나면 작업을 중단하고 수리를 한다. 수리하는 동안에는 며칠간 쉴 수가 있는 것이다. 나는 그런 대접조차도 못 받고 있었다. 내 몸이 고장이 났다고 하는데, 좀 쉬어야 한다고 하는데 좀체 쉬게 해주지 않는다. 아니 나 스스로 쉴 수가 없었다. 마라톤을 하다 보면 10km 이내의 어느 구간을 지나면 근육이 자동반사적으로 움직이기에 호흡을 갑자기 멈출 수가 없다. 조금씩 속도를 줄이면서 호흡도 조절해야 한다. 그래야 아무 사고 없이 멈출 수가 있는 것이다. 일하는 것도 마찬가지일 것이다. 일수 찍는 사람들은 돈을 받는 사람이나 돈을 갚는 사람이나 모두 하루라도 빠지면 난리가 나는 것처럼, 나는 그렇게 하루도 빠짐없이 잘 길들여진 기계처럼 일을 나갔었다.

그렇게 참고 견디며 일하다 보니 내 몸이 아프다는 신호를 보낸 것들이 사리로 나타나게 된 것이다. 제법 많은 숫자의 사리가 나왔다. 아닌 말로 부처님 몸속처럼 사리가 서 말은 생긴 것이다. 가부좌 틀고 앉아 참선한 영광의 사리였으면 좋겠다는 생각을 했었다.

나는 그 노란색 사리의 정체가 궁금해서 손으로 문질러 보았다. 잘게 부서졌다. 냄새를 맡아 보니 3년 동안 썩고 썩은 똥 냄새보다 더 지독했다. 웍! 하고 순식간에 구토(嘔吐)가 올라왔다. 내가 왜 이 냄새를 맡고서 이 고생인가 할 정도로 심한 후회가 밀려들었다. 이럴 땐 투철한 궁금증은 전혀 쓸모가 없는 물건이었다. 썩은 생선 꼬리를 살짝 만지고 나면 그 냄새가 생선가게에서 집까지 따라오는 것처럼, 이 지독한 냄새는 일주일 동안 나를 괴롭혔다. 이렇게 독한 녀석이 내 목구멍과 위장 등에 붙어서 독가스를 풍기고 있었던 모양이다.

내 남은 인생이 이렇게 시궁창 썩어가는 냄새보다 더 더럽게 썩어가고 있는 것은 아닐까? 걱정 아닌 걱정을 했었다. '여기서 끝낼까.' 하는 생각이 온통 내 머릿속을 헤집어 놓았다. '그나저나 오늘 밤은 남편 얼굴을 볼 수 있으려나' 하는 기대감으로 아픈 배를 꾹 참아 본다. 이 홧병 사리를 남편에게 팔아보겠다고 기다리고 있는데 바깥에서는 잘나가는 한량기질 양반은 코빼기도 보이지 않았다. 벌써 대문 밖에까지 이 고약한 냄새가 새어 나갔나 보다.

미움을 쫓아낼 용기를 주시옵소서!

나는 날개를 빼앗긴 선녀였다

남편이 미워서 죽이고 싶었다. 그길로 곧장 이혼도 하고 싶었다. '아이쿠 내 팔자야 어쩌자고 애를 셋씩이나 낳아 가지구서'. 하는 한탄 소리가 밤의 정적을 깨뜨린다. 애가 셋이나 되다 보니 애들을 내팽개치고 도망갈 수는 없었다. 선녀와 나무꾼의 슬픈 전설이 떠오른다. '선녀도 아이 셋을 낳았으면 세 아이를 데리고 도망갈 수 없었을 텐데' 하면서 어쩌자고 셋씩이나 낳았을까 가슴을 쳤다. '이렇게는 더 이상 못살아' 하면서 다짐하고 또 다짐했다. 이 양반 집에 들어오기만 해봐라. 들어오는 즉시 그냥 끝장을 내야겠다고 마음을 강하게 다독였다. 그런데 갑자기 '내가 인생막장을 꿈꾸고 있는가'라는 생각이 머릿속을 번개처럼 스쳐 지나갔다. 그러면서 나는 그 자리에서 내가 직접 살인을 저지른 사람처럼 온몸을 떨었다. 정말 그런 일이 일어난 듯 나는 스스로 죄를 빌고 있었다. 사람을 극단적으로 생각하고 막다른 골목까지 왔다는 분노가 목젖까지 차 올랐다. 더는 집에 머물 수가 없었다. 그래서 냅다 성당으로 달렸다. 성당 교리를 배우다 납치를 당했었는데, 그때의 납치범이 뒤에서 나를 쫓아 오는 환청까지 들렸다. '그래도 성당 안이 안전할 거야, 성당 안에 있으면 누구도 나를 끌어가지는 못할 거야' 하면서 무조건 뛰었다. 그리고 내가 나를 위해 기도하는 작디작은 사슴이 되어갔다.

시어머니 기도하는 모습, 등대가 되었다

시어머니는 힘들 때마다 성당에서 기도를 드렸었다. 나는 그 옆에서 이렇게 따져 묻고 저렇게 핀잔을 주었었다. '어머니 기도하면 쌀이 나와요, 돈이 나와요?' 그러면 시어머니께서는 '그래도 기도하면 쌀이 나온단다' 하시며 기도에 열중하셨다. 그때의 우스꽝스러운 기억이 생생하지만, 지금은 내가 살기 위해 이렇게 기도를 드리고 있었다. 시어머니가 하던 대로 그대로 따라서 기도를 드리고 있었다. 지금 누군가가 내 옆에서 '그렇게 기도하면 쌀이 나와 돈이 나와'라고 묻는다면 '기도해봐 그러면 그렇게 이루어져'라고 자신 있게 대답할 것 같다.

'내가 어떻게 그런 생각을 했지, 내가 참 무서운 사람이구나' 이런 생각을 떨쳐 내기 위해서 나는 눈물을 흘리며 기도를 드렸다. 그런 생각을 했던 내가 스스로 무서워졌다. 불같은 감정의 폭발점은 조금씩 내려 놓는 연습을 하다가 스스로에게 다짐을 하고 또 했다.

다른 사람들 마음속에도 가끔씩 악마가 살고 있을까

'내 마음속에는 악마만 살고 있는가? 악마와 천사는 한집에서 동거할 수 있는가?' 이런 고민으로 한동안 마음고생을 했었다. 나만 그렇게 악마와 같은 나쁜 생각을 하고 있는지 다른 친구들에게 물어보았다. 다른 사람들도 가끔은 그런 생각을 한다고 했다. '천사 같은 일을 해주면 내 마음이 그 사람을 천사로 대하고, 악마같이 미운 짓을 하면 악마라 생각해서 죽이고 싶을 때가 있지. 그러니 남편을 죽이겠다고 생각을 했다는 그 자체가 문제가 되지는 않아. 하나 그런 생각을 자주 하면 곤란하지. 그러니 가급적 천사와 악마가 싸우면 천사를 응원하도록 하시게'라고 말해주는 그 친구를 보면서 나도 마음이 진정되었다. 그 이후로 나는 '미움이 번지지 않도록, 미움이 자라지 않도록, 미움이 사망에 이르게 하지 않도록 미워하는 마음을 버리게 해달라'고 기도를 했다.

살아온 인생이 그래서, 다른 정치인과 어울리다 늦게 오는 줄 알았었는데, 시동생 얼굴이 새파랗게 질려 있었다. 형수님 오늘은 무조건 현장을 덮쳐 형님을 꺼내와야 합니다. 초장에 손을 봐야지 눈 감고 내버려 두면, 재산 탕진에 집안 망신만 당한다고 하면서 앞장을 서서 집을 나서려고 했었다. 낚시도구만 파는 줄 알았는데 이런 곳에서 저런 악마들이 뛰놀고 있었다니!

'세상에! 세상에 그렇게 기회를 주었는데도 일을 안 하고 놀음을 하다니, 이 양반과의 인연은 여기까지인가 싶다. 결판을 내야겠다고 다짐하고 다짐을 했다. 밤늦은 시간까지 한 푼이라도 더 벌려고 애를 쓰고, 지친 몸을 이끌고 들어와서 애들을 잘 챙기고 있는데, 감히 이런 나를 속이다니 이제는 용서가 필요 없다는 생각만 들었었다. 도박병에 빠진 이 양반을 어찌하오리까? 가슴이 쿵쿵거린다. 덜커덕 겁도 났었다.

나는 살아야겠다

조그만 창문 틈 사이로 누렇게 찌든 담배 연기가 뱀 꼬리 흔들며 흘러나온다. 역겹다. 산골 마을에 해가 질 때 연 꼬리 흔들며 하늘로 솟구치는 밥 짓는 하얀 연기와는 냄새부터 다르다. 고무줄 같은 전깃줄에 매달린 20촉짜리 백열전구만 불을 밝히고 있다. 백열전구보다 더 반짝반짝 빛나고 있는 것은 그 사람들의 눈빛이었다. 그 검은 눈동자는 쉴 새 없이 구르고 있었다. 길모퉁이 CCTV에 걸려 있는 돌아가는 카메라 렌즈처럼 다른 사람들의 눈동자와 손놀림 몸놀림을 꼼꼼하게 촬영하고 있다. 그리고 찌지직거리며 힘겹게 돌아가는 낡은 컴퓨터처럼 이리저리 분석을 하고 있는 것이다. 돈을 더 태울 것인가 아니면 여기서 끝낼 것인가를 시시각각 고민하고 있다. 이길 것 같으면 더 많은 돈을 내지를 것이다. 아니 지고 있으면서도 이기고 있는 듯 상대방을 속이기 위해 더 지르기도 한다. 그렇게 속이고 또 속이는 것이 놀음 방의 원리가 아닌가. 그 희미한 불빛에 간신히 의지하면서 사람들이 10만 원짜리 수표를 낙엽처럼 날리고 있었다. 낙엽이 바람에 날려 이리저리 굴러다니다 언덕배기에 수북이 쌓이는 것처럼 수표가 쌓여만 간다. 그 사이 사이에 만 원짜리도 수두룩하다. 큰집 한 채가 눈앞에서 왔다 갔다 하고 있다. 그 수많은 눈동자가 한 곳에 쌓여 있는 돈더미를 응시하고 있다. '내가 이겼을 거야 하고 굳게 믿는다' 그러면서 눈을 지그시 감고 패를 쪼아본다. 좋은 패가 들어왔어도 나쁜 패가 들어왔어도 일절 내색을 하지 않는다.

상대가 무리해서 돈을 태우기를 기다린다. '악마의 거미손', '속임수의 대왕'들. 설마 남편이 나를 이렇게 속이고 있는 걸까?

엊그제 집에 가져와서 내민 봉투가 설마 이곳에서 땄다고 가져온 돈일까? 불안감이 번개처럼 스친다. 일하다 늦은 줄 알았고, 계약이 잘 되어 수수료로 받아온 돈인 줄 알았는데, 믿었던 내 남편이 지금 놀음판에 끼어있다니 현장을 보고 있으면서도 도무지 믿기지가 않는다. 아뿔싸 지금 내 집문서가 날아다니고 있는 거잖아. 이를 어쩌나. 이제는 내 건물도 날아가게 생겼네. 사채를 빌려준 그 사람은 내가 힘들게 힘들게 장만해둔 건물까지 담보로 잡아갔다. 호주머니에 있는 돈만 가지고 놀면 됐지 왜 집문서를 맡기고 알다가도 모르겠네. 도둑놈들이나 하는 짓을 왜 하는지 도무지 용서할 수가 없었다. 그러면서도 집에 들어와 돈. 돈. 돈. 돈을 내놓으라 한다. 남편이 돈을 달라고 하면 '어디 목 좋은 부동산에 투자하는가 보다' 하고 아무런 의심도 없이 그냥 내주었는데, 그 생목숨 같은 돈으로 이런 곳에서 도박을 하고 있다니, 그것도 집 한 채가 왔다 갔다 하는 큰 판돈을 걸고 있다니 이를 어떻게 해야 하나? 한번은 짚고 넘어가야 하겠기에 남편에게 다짐을 받았다. 다시는 도박판에 들락거리지 않겠다는 다짐을 받고 또 받았다. 그러나 며칠을 못 참고 또 그 짓을 했다. 이제는 정말 나와의 인연은 여기까지인가 보다 하면서 남편과 끝장을 내자 무서운 결심을 했다.

이렇게 살 바에야 너 죽고 나 죽자 하는 심경으로 분노가 폭발하기 직전이었다. 인정사정 봐주고 싶지가 않았다.

어찌 알았을까 남편은 그날 밤 들어오지 않았다. 화가 더 솟구치는데 갑자기 내가 무서워지기 시작했다. 마치 살인을 저지른 사람처럼 온몸을 떨었다. 화는 화를 부른다고 하지 않았던가. 작두 칼날 위에서 춤을 추는 광대가 되면 어쩌나 하는 두려움도 밀려왔다. 분노조절의 힘이 필요했다.

찔러야 하겠다는 생각을 한 내가 너무 무서워 다른 사람들에게 물어보기도 했다. 다른 사람들도 화가 머리끝까지 나면 그런 생각을 한다고 하니 아직은 내가 정말 나쁜 사람은 아니고 지극히 정상이라는 생각을 했었다. 그럼에도 불구하고 나는 그런 생각을 했다는 그 자체가 너무 무서워 성당으로 달려갔었다. 성당에서 미워하는 마음을 내보낼 수 있는 용기를 달라고 기도했다. 내가 살기 위해서 그다음 날 곧바로 청양에 살고 계신 친정엄마 집으로 내려갔다. 그곳에서 10일 정도 보냈다. '이것으로 우리의 인연은 끝이다. 더 기다릴 것이 없다. 올라가서 이혼 신청을 하자' 하면서 안산으로 올라왔다. 앞날을 걱정하며 며칠을 굶고 왔더니 이혼서류 들고 법원에 갈 힘이 없었다. 10일 만에 올라와 만났더니 '밥도 못 먹고 왔냐'며 복 집으로 데려갔다. 그러면서 '다시는 나쁜짓 안 할 테니 한 번만 더 용서해주세요. 그리고 애들이 결혼할 때까지는 이혼을 미루어 달라'고 했다. 그 말을 듣는 순간 죽이고 싶었던 마음도 이혼하고 싶었던 마음도 조금씩 풀어졌다. '그래 애들을 봐서 이혼은 조금 미루어 두자'고 마음속으로 정리를 했다. 그 이후로 남편은 손버릇을 한방에 확 끊었지만, 아직도 생활비는 가져오지 않는다. 그래서 나는 백수 천수 만수도령이라 부르고 있다.

사람복은 타고나는 법이다

동네 어느 어르신께서 하시는 말씀이 생각난다. '눈물을 벗 삼아,

서러움으로 수놓은 천 쪼가리 백두에서 한라까지 이어지겠네. 압록강의 강물을 내 눈물로 짜게 만들고, 그 물로 내 인생을 그리려 먹물을 가니 내 인생도 짜다. 그 물이 모자라면 한강의 물을 퍼오리까.' 하면서 구수한 입담을 늘어놓기 시작했었다.

눈물이 마르면 또 다른 눈물이 난다. 앞선 눈물 자국을 따라 흐른다. 먼저 닦아 놓은 길이라고 잘도 흐른다. 장마 끝에 나오는 햇볕에 겨우 수건 한 장 말렸더니만, 흐르는 눈물 닦느라 모두 흠뻑 젖어버렸다. 지나온 세월 말로 풀어쓰면 넉넉잡아 다섯 트럭은 넘을 것이다.

가끔은 남편도 버리고 싶을 때가 있다. 그럴 때마다 나는 나를 속이며 살았다. 파도가 치면 휩쓸려 내려가는 것은 모래알만이 아니었다. 조그마하게 남아 있는 내 마음조각도 함께 휩쓸려 내려갔다. 파도가 뒤돌아보며 다시 나를 찾으면 그때는 한숨도 함께 실어 보내려 한다.

지금까지는 나의 삶이 아닌 타인의 삶을 열심히 살았다. 나의 가치관대로 살지 못하고 남의 가치관에 맞추려 애썼다. 내가 나를 평가하는 것이 아니고 남이 평가하는 말에 항상 귀를 쫑긋하며 살았다. 혹여 내 흉을 보는지 내 흠을 찾고 있는지, 나를 무시하는지 등등. 다른 사람의 시선을 바라보며 다른 사람의 시선에 맞추어 춤을 추는 꼭두각시 인생이었다. 안에서 대접받는 사람이 밖에서도 대접받는다고 하는데, 안에서 샌 바가지 밖에서도 샌다고 하는데… 지금부터는 나는 나로 살기로 했다. 내 복대로 살기로 했다. 다만 리셋 버튼은 누르지 않기로 했다. 조금씩 수정하며 살기로 했다.

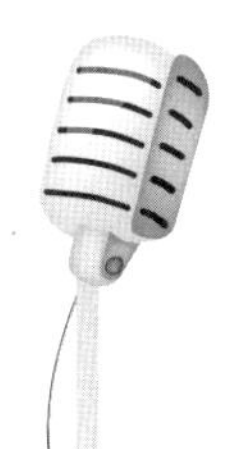

사느냐
죽느냐
이것이 문제로다

바람이 불어오는 초겨울이면 잉어 밥이 될 뻔했던 그 날의 악몽이 어김없이 떠오른다. 시아버지 제삿날도 아닌데 말이다. 시아버지는 자주 나가시는 낚시터에서 날마다 잉어에게 떡밥을 두둑이 주셨다. 그때 던져주었던 지렁이들이 떡밥인가 밑밥인가? 그 떡밥 떼어먹고 살만 쪘나 그놈은 힘이 장난이 아니다. 사람이 잡아당기면 '사람 사는 세상 구경하게 해주셔서 감사합니다' 하면서 끌려 와야 하는데 오히려 낚싯대를 끌고 강물 속으로 들어가려 했었다. '그러지 말고 용궁이나 구경 한번 하시죠' 라며 더 세게 잡아당기고 있었다. 그래 누가 더 잡아당기는 힘이 센지, 아니면 누가 버티는 힘이 더 센지 겨뤄보자는 심산인 듯했다. '나'는 땅바닥에 서서 낚싯대를 잡아당기고 '너'는 기댈 곳 없이 떠 있는 놈인데 설마 내가 너한테 끌려가기야 하겠어! 그러니 괜한 용 쓰지 말고 순순히 끌려 나오렴 이 녀석아. 그런데 이놈의 잉어가 도무지 말을 듣

지 않는다. '사장님이 주신 떡밥을 많이 먹어서 내가 더 힘이 세잖아요' 하면서 그렇게 버텼다.

초등학교 운동회 날, 청 · 홍군 두 팀으로 나누어 줄다리기하는 꼴이다. 처음에는 두 팀이 짱짱하게 잘 버틴다. 잡아당기는 호흡도 잘 맞는다. 그러나 힘의 균형이 무너지거나 응원하는 호흡이 어긋나기 시작하면 한쪽으로 급속하게 끌려간다. 그럴 때가 가장 위험한 순간이다. 무리하게 혼자 버티다간 크게 다칠 수가 있다. 끌려가는 속도가 빠르면 줄을 재빨리 놓아야 한다. 잡고 버티다간 손목 부러지기가 십상이다.

그렇게 잉어와 힘겨루기를 하는 시아버지를 보고 새댁 며느리는 뭐가 뭔지도 모르고 시아버지한테로 냅다 달려가서 기분이 좋다고 시아버지 팔을 마구 두들겨 팼었다. 낚싯대를 놓지 않고 버티고 계시던 시아버지는 중심을 잃고 잉어가 가잔 대로 따라가셨다. '아뿔싸 이게 무슨 일이여 미치고 펄쩍 뛰겠네. 저놈의 잉어 새끼가 미쳤나 봐' 하면서 낚싯대를 놓아버린 시아버지는 그만 훌라당 뒤로 나자빠지셨다. 그러면서 낚시터 뻘밭으로 미끄러지셨다. 잉어 잡았다고 기분이 좋아 시아버지 두들겨 패던 며느리 얼굴은 온통 사색이 되었다. 뻘 같은 곳에 미끄러지신 시아버지는 도저히 자력으로는 일어나지 못하셨다. 허우적거리고만 계셨다. 아직도 그놈의 잉어와 씨름하고 계신 듯했다. 며느리는 시아버지를 미끄러지게 한 불경죄 값을 앞으로 어찌 치를 것인가? 걱정이 앞서지만, 우선은 시아버지를 뻘에서 건져내는 것이 급선무였다. 하는 수 없이 같이 물에 빠질 수밖에. 겨우겨우 일으켜 세우고 한 발 한 발 뻘이 덜한 곳으로 옮기면서, 웃다가 울다가를 반복했었다. 운동화에 덕지덕지 달라붙은 뻘을 털어내고 시아버지와 어깨동무하면서 집으로 돌아왔었다. 떡밥을 먹었으면 보답을 해야 할 잉어는 보이지 않고 시커멓게 타들어 가는 내 마음만 썰렁했었다. 다른 시댁 식구들은 영문을 알지 못하니 그냥 바라만 보고 있었다. 시아버지는 '그놈 참 실했는데 너무 아깝다'. 그러고는 아무 말씀도 하지 않으셨다. 돌아가실 때까지도...

손이 시리도록 찬바람이 거세게 불어 온다. 자전거 타고 낚시터로 출근하시던 시아버지가 생각이 나서 막걸리와 도시락을 준비해서 시아버지가 줄곧 다니시던 그 낚시터로 나가 보았다. 시아버지를 매몰차게 잡아당긴 그 잉어가 새삼 궁금해졌다. 그 녀석 면상을 보기는 봐야 할 터인데, '설마 다른 낚싯밥에 걸려든 것은 아니겠지' 하면서 그 녀석에게 안부를 묻는다.

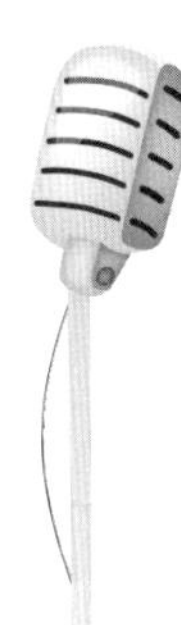

시아버지의 주사(酒邪), 그 끝은 어디인가?

시아버지는 술을 아주 많이 즐겨하셨다. 일은 하지 않으시면서 하루에 두세 병의 소주를 드셨다. 남편도 생활비를 벌어다 주지 않는다. 어쩜 씨도둑질은 못 한다고나 할까, 일하지 않는 것은 시아버지의 대물림인 듯하다. 시어머니가 식당일을 하면서 생활비를 번다. 나도 식당일을 하면서 생활비를 벌었다. 나는 피 한 방울 섞이지 않은 시어머니 팔자를 이어받을 이유가 없는데 그것조차도 닮았다. 시아버지는 남편에게, 시어머니는 며느리에게 대물림을 그렇게 하고 있었다. 남편은 닮을 것을 닮아야지 아무짝에도 쓸데없이 그런 것만 닮아가지고서 나를 아주 힘들게 했었다.

시아버지는 술을 드시면 곱게 지나가는 날이 없었다. 시어머니를 힘들게 하고 주사가 고약했다. 지금 시절에는 신문에 날 일이다. 시아버지는 왜 때리는지 그 이유를 말하지도 않는다. 시어머니는 왜 맞고 살아야 하는지 그 이유도 모르고 맞는다. 때리는 사람이나 맞는 사람이나 왜 때리고 왜 맞아야 하는지 말을 하지 않았다. 옆에서 보고 있는 사람들은 그저 어리둥절할 뿐이다. 내가 이해가 되지 않는데 손자 녀석들의 눈에는 어떻게 비췄을까 심히 걱정되었다. 그 누구도 나서서 말리지도 않는다. 눈살만 찌푸리고 있는 것이 자기 할 일을 다 한 것처럼 그렇게 생각하고 살았다. 며느리가 이런 모습을 보고 있고, 손주들이 이런 사실을 보고 있다는 생각은 전혀 하지 않으셨다. 그래서 시어머니께 이렇게 말씀드렸다. '세상에서 가장 무서운 눈은 자식들의 눈이라 합니다 어머님!'. 애들은 부모의 등만 바라보고 산다고 하지 않습니까. 어머님께서 그렇게 맞고 계시는 모습은 손자들 교육에 전혀 도움이 되지 않으니 이참에 시아버지의 손찌검 하는 버릇을 고쳐야겠습니다. 어머니께서 좀 도와주셔야겠습니다'. 제 말을 다 들으신 시어머니께서도 더 이상 손주들이 보는 앞에서 맞고 사는 게 싫으신 모양이었다. 그래서 '다음에 시아버지께서 때리면 무조건 죽은 듯 쓰러지시라'고 말해 두었다. 그다음 날에도 시아버지는 술 한잔 걸치고 들어와서 시어머니에게 손찌검했다. 그때 시어머니가 푹 쓰러지셨다. 여느 때와는 확연히 달랐다. 정말 죽은 듯 쓰러지셨다. 그래서 나는 시댁 식구들에게 시어머니가 쓰러지셨다고 모두 모이시라고 기별을 넣었다. 다른 시댁 식구들은 초상 치르는 줄 알고 헐레벌떡 달려왔다. 그때까지 시어머니는 일어나지 못한 채 쓰러져 있었다. 이렇게 달려온 시댁 식구들이 시어머니를 흔들어 보았다. 한동안 움직이지 않고 그렇게 버티시던 시어머니가 마지못해 조금씩 움직이기 시작했다. 이 광경을 바라보고 있는 시아버지는 아무 말이 없었다. 그저 놀라서 달려온 식구들 앞에서 우세란 우세를 다 당했으니 이를 어찌할 것인가? 남부끄러워서 한동안 고개를 들고 다니질 못했다. 그런 일이 있고서부터는 시어머니를 때리지는 않으셨다.

그렇다고 몸에 밴 주사기(酒邪氣)가 어디로 간 게 아니었다. 이제는 시어머니에게 하던 손찌검 버릇이 집에 있는 물건으로 옮겨졌다. 그래서 눈에 보이고 손에 잡히는 대로 던지셨다. 마구마구 부셔댔다. 어느 날 시아버지가 컵을 던져 유리 조각이 사방팔방으로 튀었다. 손주들이 다칠까 걱정이 되어 이를 말 없이 치우는 시어머니에게 저는 또다시 한마디 했다. '어머니 치우지 말고 가만두세요. 애들이 다치지 않게 이곳으로 못 오게만 하세요'. 시어머니는 깨진 유리 조각들을 그대로 놔둔 채 방으로 들어가셨다. 그러고는 날이 밝기를 기다렸다. 시아버지는 이 광경을 보시고는 되려 화를 내셨다. '누가 이렇게 던졌냐? 유리 조각 밟으면 큰일 나는데 왜 치우지도 않고 이렇게 놔둔 거냐?'라고 화를 내시며 말씀하셨다. 저는 시아버지께 외쳤다. '아버님께서 어젯밤에 마구 던지셨잖아요. 기억나지 않으세요? 그러니 손주들 걱정되면 다시는 제발 물건 좀 던지지 마시고, 지금 저 깨진 유리 조각은 아버님께서 직접 치우시면 좋겠습니다. 손주들이 보고 있어요'라고 말하니, '허 참' 하면서 그 유리 조각을 치우기 시작하셨다. 나는 시아버지께서 다 치울 때까지 꼼짝하지 않고 지켜만 보고 있었다. 그런 일이 있고 난 이후부터는 물건 던지는 것도 많이 줄어들었었다.

술버릇 지긋지긋한 인생사

'왜 하필 남편이 들어오지 않는 날만 골라서 술을 마시고, 취한

척하시면서 며느리 잠도 못 자게 하는지 모르겠네유 정말 어휴'…

스무 살 새댁이 들어오지 않은 남편을 기다리다 지쳐 잠을 자려 하면 며느리가 누워 있는 방문을 벌컥벌컥 열어 젖힌다. '어머나 이 무슨 황당한 시츄에이션인가? 설마 '며느리가 도망가려는지 감시하려는 것'은 아니겠지요. 연락도 없이 들어오지 않은 남편이 그토록 서럽고 원망스러웠다. 초저녁에 했던 말씀을 반복하고 또 반복하셨다. 늘어진 카셋트 테이프 마냥 그 소리가 점점 작아지고, 시아버지의 숨소리가 조용해지는 듯하면 몰래몰래 살금살금 문을 조금씩 닫았다. 그런데 이게 웬일인지 모르겠다. 주무시는 줄 알았던 시아버지께서 다시 벌떡 일어나 또다시 방문을 활짝 열어놓는다. '아니 그 놈의 술은 벌떡 주란 말인가, 왜 걸핏하면 방문을 벌떡벌떡 열어 보는겨?'라는 생각이 밀려왔다. '와 정말 미치겠네' 하면서 한숨만 쉬고 있었다. 잠옷으로 갈아입으려 해도 겁이 나니 퇴근하던 복장 그대로였다. 내일 아침 일찍 일하러 나가려면 잠을 자야 하는데 이를 어쩌나. '아버님, 며느리가 그렇게 예쁘게 보이나요? 제가 그렇게 함부로 보이는 가족인가요? 저 도망가지 않을 테니, 이제 며느리 잠 좀 자게 해주세요. 제발!' 기도하듯 빌면서 생눈으로 하얀 밤을 시커멓게 지새웠다. 이렇게 잠 못 드는 밤이 깊어가는데도 집 나간 남편은 세월이 가는지 네월이 오는지 아직도 들어올 생각을 하지 않네!

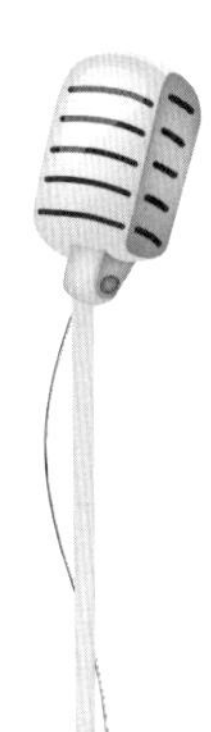

며느리에게 고스톱을 가르치다

빵소니 운전자를 놓아 주셨다

시아버지는 아주 부지런하셨다. 놀고 있는 땅을 보면 절대로 내버려 두지 않았다. 가진 땅이 없었는지라 땅 한 평이 그리워서 그러시는지는 몰라도 유독 노는 땅을 보면 참지 못하고 개간을 해서 채소 등을 심었다. 그런 시아버지가 동네 친구분 소유의 놀리고 있던 전답을 그냥 놔둘 리 없었다. 혼자서 가꾸기에는 제법 큰 땅이어서 동네 어르신들을 불러모아 함께 개간하고 농작물을 심으셨다. 그래서 봄날이면 그 밭에 나가 일하시는 시간이 많았다. 그 밭에다 여러 가지 채소를 심었다. 덕분에 우리 집은 여러 가지 채소를 끊이지 않고 잘 먹을 수 있었다.

화창한 여름날, 여느 날과 다름없이 시아버지는 자전거를 타고 그 밭으로 나가셨다. 그날은 며느리가 오이가 필요하다고 해서 잘 익은 오이 몇 개 따올까 하면서 콧노래 부르며 가고 계셨다. 그렇게 룰루랄라 기분 좋게 가고 있었는데 이게 웬 날벼락이란 말인가?

얼빠진 운전자는 시아버지를 치고 그대로 뺑소니를 쳤다. 나는 양심 없는 그 뺑소니 운전자를 잡아 '이런 새끼는 반드시 콩밥을 먹여야 한다'고 말하면서 파출소에 신고하려고 했다. 그런데 시아버지는 그 뺑소니 운전자를 애써 찾지 말라고 하셨다. 코앞에 설치된 CCTV를 돌려 보면 금방 찾아낼 수 있음에도 파출소에 신고도 하지 못하게 하셨다. '아버님, 사과 한마디 없이 도망친 그놈 새끼를 잡아서 양심교육을 똑바로 시키고, 병원비며 위자료도 받아내야겠습니다. 왜 그런 놈을 용서해야 합니까?'라고 대들었다. '내가 살 만큼 살았고 지금은 그렇게까지 불편하지 않으니 괜한 일 만들지 마라'라고 말씀하셨다. 그날 그 뺑소니 운전자, 그 새끼는 조상님의 은덕으로 횡재(橫財)한 것이 틀림없었다. 마음씨 착한 시아버지를 만난 것도 큰 행운이었을 것이다. 시아버지는 왜 남들에게는 그렇게 자비를 베푸시면서 시어머니에게는 그렇게도 모질게 대하셨을까?

교통사고란 것이 처음에는 별 탈이 없는 듯해도 시간이 지나면서 후유증이 도지기 시작한다. 견딜 만하다고 하셨던 시아버지의 몸이 갈수록 이상해지셨다. 날이 갈수록 후유증이 더욱 심해지셨다. 시아버지는 두 발로 일어서지 못한 채 누워만 계셔야 했다. 그런 상태에서도 신기하게 엉덩이로 걸음마를 하시는데, 두 발로 다니시던 때와 다름이 없을 정도였다. 두 팔에 의지하시면서 문지방을 잘도 넘으셨다. 그러나 그것도 하루 이틀이지 갈수록 거동이 불편하니 그만 구들장을 짊어지셨다.

집에 그렇게 누워 계시는데 시어머니께서도 '나도 기력이 딸린다'

하시면서 아버님 수발을 들어주지 못했다. 고모도 두 분이나 계시는데 시아버지를 좀처럼 돌보려 하지 않았다. 그러하다 보니 시아버지 목욕을 시키는 것은 물론이고, 똥오줌도 모두 내가 받아내야 했다. 옷에 지리고 싸고 하면 옷을 갈아입히기 위해 시아버지 바지를 내리면 시아버지는 부끄럽다고 버티셨다. 처음에는 사력을 다해 완강하게 버티셨다. 그래서 넓적한 천을 준비하여 중요 부위를 가려드리니 그때야 몸을 내게 맡기셨다. 문제는 똥 묻은 엉덩이며 사타구니 부위를 씻어낼 때였다. 정말 부끄러워서 그러시는지 몰라도 시어머니를 부르신다. 시어머니인들 이런 일 하고 싶었겠는가? '나는 손에 힘이 없으니 아가 보고 씻어달라고 하세요' 하면서 들어오시질 않는다. 그 일은 결국 내 차지가 되었다. 그래서 제가 '그까짓것 좀 보여 주시면 어때요? 아버님, 제가 이미 볼 것 다 봤어요'라고 말했더니, '거 참' 하시면서도 하는 수 없이 내게 몸을 맡기셨다.

우리 집은 동네 놀이터

우리 집은 동네 아이들 돌봄센터가 되었다. 동네 언니들보고 '아이들은 나한테 맡겨 놓고 아르바이트 다니세요'라고 했더니 아이들을 데려왔다. 그녀들은 그렇게 아르바이트를 나가서 돈 만 원씩이라도 벌어오곤 했다. 들어올 때는 빈손은 아니었다. 다섯 살 전후 아이들을 다섯 명이나 데리고 있었으니 집안 꼴이 장난이 아니었다. 시끄럽기는 동네 싸움터 저리 가라였다. 시아버지는 참다 참다 한마디 하셨다. '아가 이제는 제발 애들 좀 데려오지 마라'. '내가 애들을 돌보아주지 않으면 그 아르바이트 나가는 동네 언니들은 어떡하라고 그러세요. 아버님이 조금만 참으세요. 아버님 손자도 함께 잘 놀잖아요' 하면서 실랑이 아닌 실랑이를 벌였었다.

아이들을 데리고 있는 동안 그 녀석들을 위해 먹을거리도 푸짐하게 준비했다. 시어머니 친구분들이 오시면 아이들하고 같이 식사를 하도록 했다. 그래서 우리 집에는 쌀이 떨어질지언정 사람들 발길은 끊어지지 않았었다. 항상 시끌벅적거렸다.

시댁 제사도 모두 가져왔다

시아버지는 7남매 중 둘째였다. 어느 해 설날, 시댁 식구들이 모두 큰 시댁으로 모였다. 그런데 그 형님은 다른 시댁 식구들이 자기네 집으로 모이는 것을 몹시 싫어했다. 그때는 명절을 쇠러 가면 당연히 1박을 하던 시절인데 그런 것을 매우 불편하게 생각했다. 시댁 식구들이 모이면 그 많은 사람의 음식 준비도 그렇고 방안이 어지럽혀지고 더러워지고 등등. 만사가 모두 자신을 불편하게 만든다고 생각한 모양이다.

그러니 말투도 곱지 않고 얼굴에는 싫은 내색을 훈장처럼 내걸고 있었다. 멀리서 오신 다른 시댁 식구들이 일어나지도 않았는데 카펫을 턴다고 소란을 피웠다. 주방에서는 그릇 깨지는 소리도 요란했다. 이런 꼴을 보고 있는 나는 마음이 불편했다. 그래서 시아버지께 '다음 명절부터는 시댁 어르신들을 우리 집으로 오시게 해서 차례를 지내자'라고 말씀드렸다. 시아버지께서도 불편하셨던지 그렇게 하자고 하셨다. 그래서 우리 집은 시댁 식구들의 놀이터가 되었다.

나는 다른 시댁 식구들이 우리 집에서 모이는 것을 즐겼다. 기분

좋은 마음으로 음식을 준비해드렸다. 허리 아픈 며느리가 그렇게 시댁 어르신들을 깍듯이 잘 모시니 시어머니는 항상 미안해하셨다. 이런 시어머니를 앞에 두고 허리통증이 몰려온다고 얼굴을 찡그릴 수는 없었다. 찡그린 얼굴 보이기 싫어서 그때부터 거울을 자주 보게 되었다.

시아버지는 혼자 계실 때는 화투패를 떼곤 하셨다. 그날의 운세를 보시는 것이었다. 그래서 그런지 시아버지는 돌아가실 때까지 치매는 없으셨다. 하루 종일 라디오를 틀어 놓고 계셨다. 뉴스란 뉴스는 다 듣고 계시니 동네 사람들이 안다니 박사라 했었다. 라디오를 듣고 계시다가 그래도 심심하셨는지 저를 불러놓고 고스톱을 가르치셨다. 그때 시아버지에게서 야무지게 배운 고스톱 실력은 동네에서 소문이 났다. 시댁 식구들이 무시로 드나드는 우리 집에서 시아버지께 배운 고스톱 실력을 한껏 발휘했었다. 어느 날 갑자기 나는 '고스톱 여왕'이 되고 있었다. 지금은 자식들이 엄마에게 고스톱을 배우려고 애를 쓴다. 며느리도 합세하고 배우자도 덤비고 있다. 나는 '한 번 배울 때 제대로 배워야 남들에게 당하지 않는다'라고 다 큰 애들에게 힘주어 가르치고 있다

나를 살린 군인 아저씨 공개수배합니다

신세를 졌으면 갚아야 한다. 빌린 돈이 있으면 갚아야 한다. 사람이라면 인사를 해야 할 때는 인사를 할 줄 알아야 한다. 내 생명의 은인이자 첫째 아들 생명의 은인인 그 군인을 꼭 찾아뵙고 싶다. 그때는 총각이었지만 지금은 오십은 족히 넘었을 것 같다. 나를 구해줄 당시 그 군인은 일병 계급장을 붙이고 있었다. 파릇파릇한 젊은 총각이었다. 그때 당시에는 경황이 없어 고맙다는 말 한마디 못하고 살기 위해 도망치기 바빴다. 그래서 그 사람의 이름도 어디에서 사는지도 묻지 못했다. 군복을 입고 있었는데 경황이 없어서 이름표도 보지 못했다. 그 군인은 '납치범은 내가 잡고서 처리할 테니 무조건 도망가라'라고만 말했었다. 그분의 음성을 들은 것도 그것이 전부였다. 나는 '걸음아 나 살려라' 하면서 뒤도 돌아보지 않고 뛰었다. 지나가는 차를 무조건 잡아 세우고 살려달라 울부짖으며 매달렸다. 그렇게 황망하게 도망을 쳤으니 군인의 얼굴도

인상착의도 내 기억에 남아 있을 수가 없었다.

다행히도 나는 마음씨 좋은 아저씨를 만나서 그 위험지역을 벗어날 수 있었다. 납치범과 똑같은 사람을 다시 만났으면 어찌 되었을까? 그 차에서도 뛰어내릴 수 있었을까? 지금에서야 그런 생각을 해보지만, 그때 당시에는 다가오는 차의 주인이 좋은 사람인지 나쁜 사람인지 생각하고 자시고 할 겨를이 없었다. 그 위험지역을 벗어나는 것만이 내가 살 길이었기 때문이다. 그렇게 도망치고 나서 안산에 도착할 때쯤 '그 군인은 어찌 되었을까' 하는 걱정이 찾아왔다. 납치범은 두 놈이었고 군인은 혼자였는데 이겨낼 수 있었을까? 납치범들에게 두들겨 맞지는 않았을까? 걱정이 태산이어서 그날 저녁 뉴스를 눈 빠지게 쳐다보았었다. 다행히 그 지역에서 사람 죽었다는 뉴스가 나오지 않았으니 죽지는 않았을 것이라는 생각이 들었다. 다소 마음의 안정을 찾았지만, 우선 나부터 살고 보자는 식으로 도망을 쳤던 내가 너무도 부끄럽고 아직도 반성하고 있다. 지금도 그 시절을 생각하면 나도 몰래 얼굴이 빨개진다. 내 생명을 구해주신 그 군인을 꼭 만나고 싶다. 이제 더는 모른 척할 수 없기에, 공개수배를 해서라도 꼭 찾아야겠다. 나는 그 군인을 반드시 만날 수 있으리라 믿는다. 어떤 모습일까 정말로 궁금하다.

나는 성당에서 결혼식을 올리기 위해 안양에 있는 성당으로 교리를 배우러 다니던 시절이었다. 늦지 않은 저녁 시간에 성당에서 교리 수업을 마치고 나왔다. 조금은 좁고 긴 길목이다. 그곳에서 낯선 자가용 한 대가 나의 앞길을 가로막았다. 막무가내로 나를 잡아끌어 차 안으로 밀어 넣었다. 한참을 끌려 오다가 나는 차 문을 열고 밖으로 뛰어내렸다. 그렇게 도망을 치다 가까운 곳에 있는 슈퍼마

켓으로 들어갔는데 그곳에까지 납치범이 쫓아왔었다. 그 자식들이 그 슈퍼마켓에서 내 남편 행세하니 슈퍼마켓 주인이 나를 구해주지 않았다. 그 주인은 이 납치범들이 정말 내 남편이라 생각했을까 아니면 그 납치범들의 뒤끝이 무서워서 그랬을까 나를 구해주지 않은 이유가 아직도 궁금하다. 나는 머리끄덩이를 잡힌 채로 다시 그놈들의 자동차로 끌려갔다. 나를 강간하려는 듯 차들이 잘 다니지 않는 으슥한 곳으로 차를 몰았다. 잠시 차의 속도가 줄어들자 나는 다시 한번 차 문을 열고 뛰쳐나왔다. 스타킹은 엉망진창으로 찢어지고 하이힐 한 짝은 온데간데없었다. 그저 걸음아 나 살려라 하면서 큰 도로변으로 죽기 살기로 뛰었다. 하늘의 도움인지 성모 마리아님의 은총인지는 몰라도 마침 그곳을 지나가는 군인을 만났다. '저 좀 살려주세요. 저 좀 도와주세요. 납치범들에게 쫓기고 있어요. 저 좀 구해주세요' 하면서 생면부지의 군인에게 매달렸다. 그때 그 군인 총각이 나를 잡으려 뛰어오는 납치범들을 맞서면서, '내가 저 사람들 막을 테니 무조건 다른 차 얻어타고 도망가세요, 절대 뒤돌아보지 마세요' 하면서 다급한 목소리로 외쳤다. 그렇게 그 군인 총각이 무지막지한 납치범들을 붙들고 있는 사이 나는 도로변을 지나가는 차를 무조건 가로막았다. 차가 멈추자 나는 '제가 납치범에게 쫓기고 있어요. 저 좀 태워주세요. 이곳을 벗어나게 해주세요'라고 울부짖었다. 살려달라고 애원하는 내 모습을 바라보던 그 마음씨 착한 운전자는 '얼른 타세요' 하면서 앞문을 열어주었다. 고맙다는 말도 하지 못한 채 부들부들 몸만 떨고 있는 나를 엉금하게 바라보았다. 또 다른 늑대의 모습이 스쳐 지나갔다. 그런 불안한 생각이 들었을 때, 갑자기 지나가는 택시를 발견했다. 그래서 '선생님 감사합

니다. 이제부터는 택시를 타고 갈 테니 저 택시 앞에 세워주세요'라고 외쳤다. 머뭇거리던 운전자는 다 잡은 물고기를 놓쳤다는 듯한 씁쓸한 표정을 지으며 마지 못해 택시 앞에 세워주었다. 나는 다시 한번 '저를 구해주셔서 감사합니다'라고 인사말을 하고서 잽싸게 뛰어내려, 그 택시 앞으로 달려갔다. 목적지를 말하지 않고서 무작정 택시 문부터 열었다. 그리고 그 택시에 올라타고서 '기사님, 안산으로 가주세요'라고 서둘러 말했다. 헝클어진 머리카락, 찢어진 스타킹, 맨발에 하이힐 한 짝은 어디에 두었는지 반 절름발이 모양새다. 그 택시 기사는 출발은 하지 않고 '택시비 낼 돈은 있어요' 하고 묻는다. 아무래도 지갑을 빼앗긴 채 도망치는 여자로 보였는가 보다. '예, 택시비 드릴 돈은 있으니까 서둘러 출발해주세요'라고 점잖게 말했다. 납치범에게 쫓긴다는 말은 일절 안 했다. 그 말을 했다간 또 다른 봉변을 당할 수도 있었기 때문이다. 사내 녀석들은 무방비 상태의 반반한 젊은 여자를 보면 가만두지 않을 것이 분명했다. 그때는 내가 다른 사내 녀석들에게 심하게 윤간(輪姦)당한 여자로 보였을 것이다. 그래서 아무 말도 하지 않고 앞만 응시하고 있었다. '이놈의 택시는 왜 이리 늦어 터졌는지 모르겠다.' 하면서도 짐짓 태연한 척 앉아 있었다.

납치범은 두 놈, 나는 한 명의 원더우먼

시어머니에게 첫인사 가는 날, 짝짝 찢어진 스타킹, 머리끄덩이 잡힌 채 끌려가다 도망 나온 헝클어진 머리카락, 짝 잃은 하이힐 한 짝, 흙 묻은 맨발을 질질 끌고 가야만 하다니, 이런 날벼락이 어디

있단 말인가. 지금 내 꼴이 무엇인가 말이다. 이러면서 내 신세만 한탄하고 있었지 그 납치범을 붙들고 있었던 그 군인 아저씨를 까맣게 잊고 있었다. 지금도 그때 그 사건을 떠올리면 쓴웃음부터 나온다. 조슬빈! 하늘이 도와주시는가 보다.

그때 납치범은 두 놈이었는데 나는 날아다니는 원더우먼이었다. 그렇지 않고서야 어찌 그렇게 쌩쌩 달리는 차에서 뛰어내릴 수 있었겠는가? 한동안 젊은 여자나 할머니들을 납치해서 팔아먹는다는 뉴스가 제법 많이 나오던 시절이었다. 기름 짜는 곳에 팔아먹는다고 했다. 염전에도 사창가에도 팔아먹는다고 했다. 납치범들에게서 탈출하지 못했다면 나는 사창가에 팔렸을까 아니면 염전에 팔렸을까? 그리고 내 첫애는 무사했을까? 나는 누구의 도움으로 이렇게 잘살고 있을까? 머릿속을 헤집고 다니는 복잡한 생각들을 한 방에 정리했던 말, '나를 살린 모든 사람에게 빚진 신세를 꼭 갚아야겠다'라고 다짐하는 것이었다.

나의 사랑하는 소꿉친구도 그 시절에 어느 납치범에게 끌려갔었다는데... 세상은 살아 볼 만한 가치가 있다고 생각하니 내가 나를 사랑하지 않을 수 없었다. 조슬빈! 힘내. 하늘여신이 도와줄 거야 하고 생각을 하니 자신감이 생기고 힘이 솟아나기 시작했다.

그래도 나는 안 따라가네

나를 무너뜨리는 적은 언제나 내 안에 있다

고잔역의 늦은 밤은 언제나 그렇듯이 사람들의 왕래가 뜸해진다. 내 집이 고잔역 앞에 있으니 일이 끝나고 집으로 가려면 고잔역 앞을 지나가야만 했다. 항상 가던 길이기에 아무 생각 없이 지나가고 있었는데 갑자기 내 앞길을 가로막고 서는 사람이 있었다. 내 집에 자주 드나들던 남편 또래의 사장님이었다. 이 사람은 언제부터 이곳에서 나를 기다리고 있었단 말인가?

따뜻한 눈길 한 번 쏘아주지 않는 남편, 그 양반을 대신해서 그 음흉한 눈빛으로 나를 정조준하고 레이저를 사정없이 쏘아댔던 그 사람이 가끔 생각이 난다. 내 남편이 동네 통장 일을 맡아 봉사하는 관계로 우리 집을 드나드는 사람들이 꽤 많았었다. 아이들 맡기고 아르바이트 가는 아주머니, 시어머니 친구분들 그리고 남편 친구들이 대부분이지만 정치 지망생과 지역의 민원상담차 찾아오는 사람들도 더러 있었다. 그런 사람 중에서 우리 집이 너무 편하다고 뻔질나게 드나드는 한 사내 녀석이 있었다. 나 역시 사람을 편하게 대해주니 내가 맘에 들었나 보다.

나는 만인의 여인이었지 어느 한 사람만을 위한 여자는 아니었다. 이 사내 녀석이 어느 날 저녁, 일을 마치고 퇴근하는데 고잔역 앞에서 나를 가로막았던 것이었다. 막무가내로 내 손을 붙잡고서 역 부근에 있는 호프집으로 끌고 들어갔다. 한갓지고 어수룩한 테이블에 자리를 잡고서 내 눈을 음흉스럽게 쳐다 보았다. '내 손은 놓고 이야기 하셔유' 그랬더니, 숨을 꼴딱거리고 더듬 더듬거리면서 하는 말 '왜 이리 바보같이 살아요. 얼굴도 예쁘고 못 하는 것이 없는 사람이 왜 이렇게 고생하며 살아요. 그냥 저하고 삽시다. 제가 손에 물 한 방울 묻히지 않게 해줄 테니 저하고 삽시다. 저하고 살겠다고 하면, 저 지금 당장 이혼할 테니 정말 저하고 같이 살아 봅시다. 벌어 놓은 돈도 많고 죽을 때까지 팡팡 쓰도록 해줄 수 있으니 몸 고생할 일 없을 겁니다. 그러니 저하고 삽시다. 나와 살면 밤낮없이 아등바등 고생하면서 돈 벌려고 이집 저집 안 다녀도 되잖아요. 이런 고생 더 이상 하지 말고 제발 저와 함께 삽시다.'

'아니 이게 뭔 귀신 씨나락 까는 소리여 시방. 엄연히 신랑이 있고 딸린 애가 셋이나 있는 여잔데, 정신 차리세요 아저씨. 지 집이나 간수 잘 하셔유' 하고 일어서는데 자꾸만 가는 길을 막아섰다. '지가 어디가 그렇게 좋아요?' 하고 물으니, '얼굴도 환장하게 이쁘고, 몸매도 쭉쭉 빵빵, 고잔역의 여왕 아니신가벼. 그러니 다른 여

자가 내 눈에 눈곱만큼이라도 차겠어유.' 한다. '제까짓 게 어디가 얼마나 잘생겼길래, 쥐 꼬리 만한 돈 좀 있다고 동네 여자 건드리고 유세를 부리고 지랄이여'라는 말이 하마터면 입 밖으로 튀어나올 뻔했었다. '저를 호강시켜 주겠다고 하니 고마운 말씀이긴 하네요. 저보다 더 예쁜 사람 천지삐까린디 왜 나 같은 사람을 좋아해서 그리 맘고생을 하는지 모르것네유. 어서 비키셔유, 안 비키면 신랑 부를끼요. 앞으로 내 신랑 얼굴 어찌 보실라구 그러는지 모르겄네유. 남들 앞에서 우세 사기 싫으면 얼른 비키셔유' 그러고 나서 나는 냅다 도망치듯 호프집을 뛰쳐나왔다.

심장이 벌렁벌렁거렸다. 집에 들어오자마자 우황청심환 한 알을 깨물었다. 조금은 진정이 되었다. '내가 그리 이쁜가?' 하면서 거울을 꺼내어 찬찬히 내 얼굴을 들여다보았다. '아직은 한참 쓸 만허구만' 하면서 탱탱한 피부를 꼬집어 보기도 했다. 청심환이 어디 있을 끄나 한 알 더 먹어야 확실히 진정이 되겠는데, 이런 속사정을 아는지 모르는지 남편은 아직도 외박 중이다. 참 무심한 사람 같으니라구.

지금 나를 보면 아직도 같이 살자고 하려나 궁금하다. 그때 그렇게 많다고 자랑질하던 돈은 잘 보관하고 있는지도 궁금하다. 남편이 생활비를 벌어다 주지 않아서 내가 밖으로 돈벌이 나가니까 별 시답잖은 자식들이 나를 넘보는 일까지 생겼다. 짜릿짜릿 전기도 한 번 통하지 않았으면서 누구를 넘본다는 것이여 지금, 참 어처구니가 없었다. 정말로 나를 사랑해서 그런 개 같은 짓을 했다면 그나마 고마운 일이지만서도.

다른 사람들에게 약점 잡힐 행동이나 오해받을 짓은 한 것 같지가 않은데 사내 녀석들은 왜 나만 보면 침을 흘리는지 모르겠다. 발정난 돼지 새끼가 밤새도록 울어 재끼며 잠도 못 자게 하더니만 오늘도 발정 난 사내 녀석들을 어찌 피할꼬. 그렇게 꼬셔서는 넘어갈 일이 티끌만큼도 없는데도 말이여. '내 남편처럼 한 방에 훅 가도록 나를 잘 좀 꼬셔봐유! 내 맘이 확 뒤집히도록, 갈비뼈가 해까닥 돌아버리도록 말이여. 그래도 나는 당신을 안 따라가유!'

내 인생 담보 잡히다

나는 산을 무척 좋아했다. 백두대간을 오르고 산 마라톤대회에 참가하기도 했었다. 내 남편은 한동안 나와 함께 산을 올랐으나, 어느 날부터는 나를 따라오기가 힘들다고 포기를 하였다. 남편은 아직도 여러 군데 산악회 회장을 맡고 있다. 나는 삶이 힘들고 죽고 싶다는 생각이 들 때면 무조건 산을 올랐다. 땀을 흘리며 힘들게 오르는 동안 나를 힘들게 했던 그 생각들이 솟아나는 땀과 함께 내 몸 속을 빠져나갔다. 그래서 나는 내가 살기 위해서 죽자사자 산을 올랐었다. 산을 함께 다녔던 한 사내 녀석, 느낌이 수상해서 좀 멀리하려 하니 하는 짓이 가관이다. 내가 가는 산을 어떻게 알아내는지 무척 궁금했다. 내가 산을 가려고 집을 나서면 그 길목을 지키고 섰다. 때로는 등산로 입구에서 기다리고 있기도 했었다. 산을 같이 다니는 것은 좋은데 왜 자꾸만 따로 만나자고 졸라대는지 모르겠다. '내가 이녁을 만나서 뭔 볼 일이 있을까요 제발 속 차리세요!' 하고 핀잔을 주어도 그 산 사나이는 끈질겼다. 자꾸만 달라붙는다. 자석

도 아닌 것이 자석인 양하면서 쇠붙이 끌어당기듯 내 허리를 자꾸 끌어당겼다. 오늘은 칠갑산을 올라 볼까 하고 고잔역을 지나는데 어디서 헐레벌떡 한 사내 녀석이 달려왔다. 하라는 일은 안 하고 내 뒤만 캐고 다니는 모양이다. '참으로 무서운 세상이구먼' 하고 애써 무시를 하고 지나치니 나를 막아섰다. '이녁 가던 길이나 잘 가셔유'라고 해도 '그쪽이 가는 길이 내가 가는 길인디유' 하면서 좀체 물러서질 않았다. 내가 그렇게도 보고 싶다면서 양복을 입은 채로 내 뒤를 따라온다. 내가 얼마나 좋으면 저 복장을 하고서 산을 타겠다고 따라올까? 기분이 묘해졌다. '홀아비도 아닌 주제에, 정력도 그리 세 보이지도 않고, 올챙이 배를 하고서 어디 감히 나를 넘보는 겨' 속마음은 불편했다. '나한테 대시하려면 세게 한 번 해보든가. 하는 둥 마는 둥 사람 세워놓고 간 보는 겨 쓸개 맛 보는 겨 시방.' 머릿속이 복잡하기만 했다.

나를 그렇게도 만나 달라고 졸라댔던 그때 그 양복 입은 산 사나이, 오늘은 어느 산을 타고 있을까? 이제는 내가 보고 싶지 않은가보다. 내가 가는 산에 나타나지 않는 것을 보니. 그때 조금만 더 세게 끌어당겼으면, 나도 어떻게 되었을지 장담할 수 없는 일이었다.

가장 가까운 사람, 가장 믿는 사람이 사고를 친다. 회사 일도, 남녀 간의 불륜 같은 것도 그런 것 같다. 성경 잠언에도 불륜 남녀의 행적은 날아다니는 새의 행적이나 풀밭을 기어 다니는 뱀의 흔적이나 강물 속에서 헤엄치는 물고기의 행적이나 모두 가늠할 수가 없다고 하였다. 불륜은 남들이 모르게 모두 은밀하게 이루어진다는 것이다.

나도 한때는 '고잔역의 여왕' 소릴 들었으니, 건달기가 부글거리며 넘치는 사내 녀석들은 군침 좀 흘렸을 것이다. 내가 정말 힘들고 지쳤을 때, 죽고 싶어 안달하던 시절, 따뜻한 손 내밀며 넘치는 돈으로 나를 유혹했을 때 자칫 넘어갈 뻔도 했었다. 나의 오감이 꿈틀거리고, 유혹의 출렁다리 위에 서 있는 것처럼 휘청거리고, 욕망의 침샘이 자극받아 침을 흘릴 때도 있었다. 마음이 동하려 할 때마다 내 눈앞에 나타나는 수호신은 아이들이었다. '내 한 몸 편하고자 저 어린 새끼들을 어찌 내팽개친단 말인가. 천벌을 받을 짓이다'. 하는 생각이 나를 구해주었다. '좋아하지도 않으면서 어떻게 따라가냐?' 그럴 때마다 나는 외쳤다. '너희들이 아무리 비장의 무기로 나를 유혹한다 해도 내가 넘어가는가 봐라. 나는 내 아이들이 소중하니, 나는 절대로 못 따라가요!'

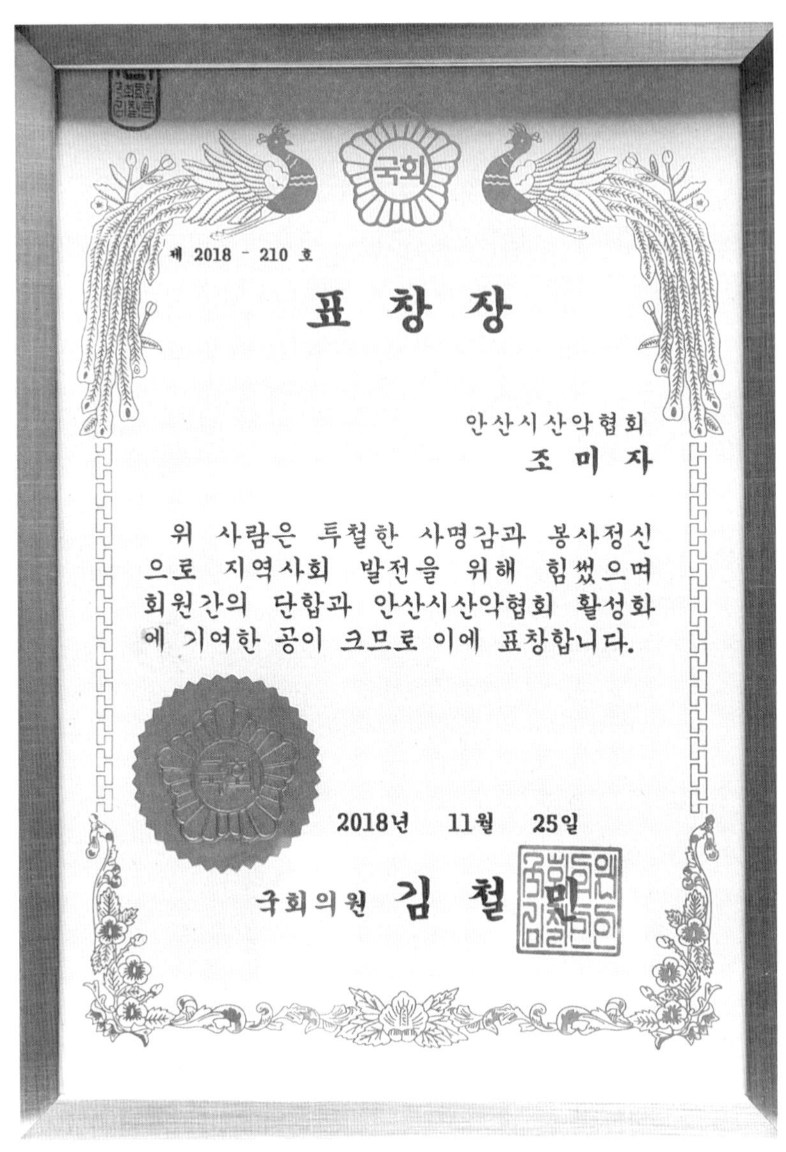
제 2018 - 210 호

표 창 장

안산시산악협회
조 미 자

위 사람은 투철한 사명감과 봉사정신으로 지역사회 발전을 위해 힘썼으며 회원간의 단합과 안산시산악협회 활성화에 기여한 공이 크므로 이에 표창합니다.

2018년 11월 25일

국회의원 김 철 민

04.
내 인생의 마지막 아이콘

사람을 죽이고 살리는 돈의 위력

돈을 혼자서 벌면 수입이 쏠쏠하다. 그런데 어려운 이웃과 함께 벌면 내가 가져갈 돈은 조금 줄어드나 행복한 마음은 훨씬 더 넉넉하게 된다. 일하는 재미도 즐거움도 함께 늘어난다. 내 것은 아니어도 복을 다 같이 나누어주었다는 생각이 드니 부자 된 마음이 그냥 편해지는 것이다. 이는 마음속에 아름다운 천사가 들어와 있지 않으면 도저히 일어날 수 없는 일이다. 남의 것을 탐하지 않고 자신이 한 만큼 가져가는 것이지만, 다른 사람들과 수익을 나누다 보면 괜히 아깝다는 생각이 드는 것은 어쩌면 당연한 일일 것이다. 호리성(好利性)은 인간의 본성에 가깝다. 그래서 돈 되는 일을 다른 사람과 함께 하기란 매우 어렵다는 것이다. 더군다나 자신이 독차지할 수 있는 수익을 다른 사람에게 나누어 준다는 것은 더더욱 힘들고 어려운 일이다. 그렇지만 나는 항상 이웃과 나누려 했다. 돈이면 돈, 복이면 복, 정이면 정을 함께 나누려 노력했었다.

그렇게 나누어야 나에게 돌아오는 복이 커지고 나의 일거리가 많아진다는 것을 경험으로 알고 있었기 때문이다. '무적(無敵)의 사회생활'을 할 수 있었던 것도 이러한 마음에서 연유된 것이다

돈 떨어지면 친정으로 달리고, 친언니에게로 달렸다.

남편은 반 정치인이 되었으니 돈벌이가 있다고 한들 집에 가져다줄 생각을 하지 않았다. 그 돈이면 표가 몇 개인데 하면서 주변 사람들에게 인심이란 인심은 다 쓰고 다녔다. 나 역시 돈벌이가 시원찮으면 어린아이들을 굶길 수가 없어서 뻔질나게 친정으로 달려갔었다. 스무 살도 안 된 어린 딸이 갑자기 애를 낳고 시댁 어른들을 모시고 사는 것을 보면 가슴이 미어지시는 친정엄마는 그래도 '애들은 굶기지 말고 잘 키워라' 하시면서 고기 팔아 모아 놓은 돈을 군말 없이 내어주었다. 고기도 몇 근 끊어주시고 돼지갈비도 듬뿍 싸주셨다. 그래서 그런지 나는 식당을 하면서 여러 가지 요리를 해보았지만 지금도 돼지갈비 요리를 가장 잘한다.

머리가 빠개질 듯 아프고 쑤셔오는 날, 홧병 사리가 나오는 날이면 그냥 살기가 싫어졌다. 이럴 때는 무조건 언니한테로 달려갔었다. '언니 나 좀 살려주세요' 하면 '그러게 왜 그렇게 살아. 못 살 것 같으면 하루라도 빨리 정리해'라고 말했다. 나는 '애들을 어찌 내팽개쳐, 그러면 천벌 받지'라고 대꾸하자, '일단 바람이나 쐬러 나가자' 하면서 말없이 내 손을 이끌고 한강 변으로 나갔었다. 그냥 그렇게 바람을 쐬고 나면 머리가 조금은 상쾌해졌었다. '제부와 계속 살 거라면 악착같이 살아서 성공해야지, 애들은 굶기지 말고' 하면

서 바리바리 먹을 것을 싸 주었다. 그 속에는 두툼한 돈 봉투도 들어 있었다. 내가 힘들 때면 언제나 구세주가 되어준 언니, 그 언니는 지금도 그렇게 하늘 선녀처럼 아름다워 보이고 구세주처럼 위대해 보였다. 얼굴만 예쁜 줄 알았었는데 지금 돌이켜 생각하면 그 마음이 더 예뻤던 모양이다.

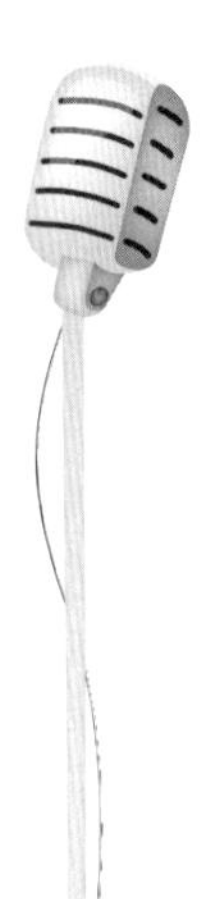

꿈이여 다시 한 번!

청양 탈출기

청양에서 중학교를 마칠 때까지 나는 육상 선수와 농구 선수로 활동했었다. 중학교 2학년 때의 일이다. 전국체전에 출전할 선수를 뽑는 시합이 있었는데 한 언니가 '너는 내년에도 기회가 있으니 이번 체전에는 본인이 꼭 선발되도록 해주라'고 말했었다. 그러면서 '나보고 좀 천천히 뛰라'고 했었다. 그런데 그것이 말대로 되는 것이 아니었다. 초시계를 들고 계시는 선생님을 보는 순간 일부러 천천히 뛸 수는 없었다. 내 기록이 측정되고 있기 때문이다. 단체로 하는 경우였으면 가능했을지도 모를 일이지만 나는 그렇게 하지 못해 그 언니한테 많이 맞았었다.

그렇게 운동을 열심히 하다가 제천에서 신혼집을 차렸던 체육 선생님이 내가 다니는 중학교로 부임을 해오면서부터 나는 운동을 할 수 없는 지경에 이르게 되었다. 그 선생님은 체육 시간에 다른 학생들에게는 어떠한 심부름도 시키지 않았다. 오직 나만 시켰다. 그러던 어느 날 그 선생님은 다른 학생들은 운동장에서 몸을 풀라 하시고 나보고는 농구공이 들어 있는 바구니를 가져오라고 하셨다. 그 바구니는 가지러 교보재 창고로 가는 순간 내 등 뒤에서 나를 꼼짝하지 못하게 안으면서 가슴을 더듬었다. 첫 번째로 상처를 입었던 그 날은 선생님이 나를 귀여워해 주는가 보다 생각하면서 스스로 내 마음을 다독였었다. 다음 날 체육 시간에는 전날보다 더 꽉 껴안으면서 성추행을 하고 있었다. 선생님이 내 가슴 만지는 것이 너무 싫었다. 내 가슴 만지는 손을 콱 깨물고 싶었다. 그런 일이 있고서부터 나는 선생님을 가까이하기에 겁이 나니 운동도 하기 싫어졌다. 그 선생님도 미워졌다. 그러다 보니 사는 것도 재미가 없었다. '아, 이렇게 청양 골짜기에서 살다가는 내 인생 죽도 밥도 안되는 것 아닐까?' 이런 엉뚱한 생각을 하면서 나는 서울로 가야겠다는 마음을 키웠다. 그해 추석 때 고향에 내려왔다 다시 서울로 가는 언니의 바짓가랑이를 붙들었다. 언니의 강한 저지를 뿌리치고 뒤를 쫄랑쫄랑 따라서 서울 입성에 성공했다. 청양의 시골뜨기가 드디어 서울 여자가 된 것이다. '이제부터 내가 하고 싶은 것을 해보자. 내 발로 올라왔으니 내가 벌어서 내 앞길을 개척하자' 다짐하고 또 다짐했다.

가위질, 미싱 질을 배우다

주변 사람들의 살갑지 않고 이런저런 눈치를 애써 외면하면서 고종사촌 오빠가 운영하는 섬유회사에 사무보조원으로 출근했다. 잘하는 게 없으니 가위질만 하라고 했다. 아주 단순한 원단을 자르는 일 외에는 아무것도 시키지 않았다. 그래도 나는 손에 익숙해질 때까지는 아무런 불평 없이 가위질을 멈추지 않았다. 그러면서 내 옆에서 미싱 질 하는 언니들의 손놀림도 유심히 보았다. 미싱 질 하는 것을 눈으로 보고 배우고 익히고 있었다. 미싱 질은 누가 가르쳐주어서 배운 게 아니었다. 그 언니들이 쉬는 시간에 잠간 잠간 그 미싱기 옆으로 다가가서 한 번씩 그 기계를 돌려보았다. 그러면서 덤으로 미싱 질 하는 것도 손에 익히게 되었다. 이것이 내 밥줄을 열어주리라 꿈에도 상상하지 못했었다. 화양리에 있는 동안에도 노래를 부르고 싶었다. 그래서 그 동네에서 노래하는 건달들과 밤새 어울리기도 했었다. 이런 나를 겁내 하는 형부의 걱정이 태산이었다. 형부는 내가 천방지축 동서남북 가리지 않고 날뛰고, 밤새 노래하는 것을 매우 못마땅하게 생각해서 자꾸 나를 방안에 가두어 두려고 했었다. 그러는 동안 나는 독산동에서 잡화점 판매원으로 일하고 있는 한 언니를 만나게 되었다. 그 언니는 독산동에서 자취하고 있었다. 언니와 형부는 나를 걱정해서 하는 말들이 나에게는 왜 간섭하는 것으로 들렸는지 모르겠다. 나는 하는 수 없이 독립을 선언했다. 덜렁 가방 하나 둘러메고서 화양동 집을 나서기는 했는데 서울 천지에서 어디 오갈 데라고는 한 군데도 없었다. 다시 친언니 집으로 들어갈 수는 없었기에 독산동에 살고 있었던 그 언니네 자취

방으로 발걸음을 돌렸었다. 갑작스럽게 들이닥친 나를 내쫓지 않았었다. 다행스럽게도 그 언니가 방을 함께 쓰도록 배려해주었다. 내 운명을 가르는 신이 여기에서 조금씩 꿈틀거리고 있었다.

판매원이 되어 고객관리 노하우를 배우다

독산동에는 사촌 고모가 가게를 하고 있었다. 그나마 아는 피붙이가 있어서 다행이었다. 고모는 목걸이, 가방, 액세서리 등을 판매하는 조그만 가게를 운영하고 있었다. 쪽방 하나 얻어 놓고 고모네 가게로 가서 판매원으로 채용해 달라고 했다. 탤런트를 꿈꾸었던 나의 미모는 고모를 설득하기에 부족함이 없었다. 그 가게에서 손님을 응대하는 요령과 단골을 관리하는 방법을 배웠다. 그때 내 나이가 스무 살이었다.

밑단 박음질로 내 삶의 밑천을 벌었다

수출용 원단의 밑단 박음질하는 일을 했다. 이때 벌었던 돈이 내 인생의 밑천이 되었었다. 새로운 도전이 전혀 무섭지 않았었다. 화양리에서 곁눈질로 배운 미싱 박음질이 이렇게 큰 행운이 되었다. 대문을 열어둔 덕분에 지나가는 사장님이 우리 집에 들어오셨고, 물 한잔의 대접으로 이어진 인연이 이렇게 큰돈을 벌게 해주었다. 그때 당시 월세 한 달 분을 하루에 벌었으니 나에게는 크나큰 행운이 아닐 수 없었다. 그렇게 돈을 벌다 원단 일감이 떨어지니 잠시 집에서 쉬고 있었다. 그때 둘째 아이가 태어났다. 생활비를 벌어다 주지 않는 백수 남편만 바라만 보고 있을 수 없어 다시 일거리를 찾

아 나섰다. 일벌은 애벌레처럼 기어 다니고 여왕벌은 딱정벌레처럼 화려한 자태를 꿈꾸고 사는 것 아닌가? 그렇다고 뱀이 벗어 놓은 허물을 망토인 양 뒤집어쓰고 나다닐 수야 없지 않겠는가.

정육식당의 종업원이 되다

내가 처음 취업을 한 곳은 정육식당을 겸한 고깃집이었다. 친정 엄마가 정육식당을 하셨기에 어려서부터 고기 자르는 일은 자신이 있었다. 결을 따라 살과 뼈를 잘 발라주어야 손님도 맛있게 먹고 주인도 수익이 늘어난다. 살이 붙어 있는 뼈를 그냥 내오면 손님은 고기의 양이 줄었다고 불평불만을 터뜨린다. 고기의 맛도 예전보다 못하다고 떠들고 다닌다. 불평하는 손님이 늘면 매출이 주는 것은 당연하다. 여기 저기 불평불만 민원을 제기하면 공무원들의 위생검열이 잦아진다. 그러면 영업하는 데도 애로사항이 크게 늘게 된다. 이러니 종업원들이 하는 가위질이 하찮은 듯하지만 사실 매우 중요한 부분이다. 화양리 소재 섬유회사에서 배운 가위질도 크게 한몫을 했다. 손님들에게 고기를 맛있게 구워드리다 보니 단골손님도 늘고 봉사료 수입도 많이 늘어났다. 이래저래 기분 좋게 3년 남짓 종업원으로 열심히 봉사했다.

칼국수 집 사장이 되다

그러다가 일터를 칼국수 집으로 옮겼다. 그 식당 사장님은 나보고 만두피만 싸고 있으라 했다. 투포환, 원반던지기 등의 운동을 했었던 터라 손에 힘이 넘치니 만두피가 터지지 않도록 잘 만들었다.

그래서 그 사장 언니는 나에게 다른 일은 일절 시키지 않았다. 그렇다고 내가 이 일만 하고 있을 수는 없었다. 이 일을 하는 동안 '뭔가 배우는 게 있고 남는 게 있어야 하는 것 아니겠는가'라는 생각을 했다. 그래서 나는 만두피만 싸고 있다가는 내 인생이 만두피 인생이 될 것 같아서 주방을 기웃거리기 시작했다. 핑곗거리는 '주방의 냄비가 너무 지저분하니 좀 씻어야겠다'라고 하는 것이었다. 한 번 들어가면 주방을 온통 뒤집어 놓았다. 천지개벽이 따로 없을 정도로 깨끗하게 청소하고 설거지를 해주었다. 그런 식으로 주방 문턱을 넘나드니 주변에서 눈치 볼 것이 없게 되었다. 누이 좋고 매부 좋은 일이었다. 주방을 깨끗하게 청소하고 깔끔하게 정리정돈을 해주니, 주방 실장이 만드는 만두 속과 김치 담그는 방법, 육수 물 빼는 것 등등을 사장 언니 몰래 틈틈이 배울 수 있었다. 어깨너머로 눈여겨보고 외웠던 내용을 잊지 않기 위해 퇴근하는 길에 시장에 가서 재료를 사 왔다. 집에서 이리저리 만들어 보니 제법 모양새도 좋고 맛도 괜찮았다. 본의 아니게 시어머니와 애들이 내가 만든 연습용 만두를 많이 먹게 되었다. 이렇게 2년 남짓 배우고 나니 내 가게를 차리고 싶었다. 하늘은 스스로 돕는 자를 돕는다고 하더니만 동업을 하자는 사람이 나타났다. 그 칼국수 집 주방 실장이 '밑돈을 댈 터이니 손재주가 좋은 나보고 만두를 빚어 팔아보자'고 제안했다. 그렇게 해서 나는 칼국수 집 사장이 될 수 있었다. 야심차게 시작했던 칼국수 집은 낮 손님은 바글바글 하나 저녁 손님이 많지 않았다. 고생한 만큼 수입이 고만고만해서 2년 남짓하고 그만두있다.

아직도 배움의 길은 끝이 없다

식당일을 잠간 동안 멈추었었다. 돌아가는 기계가 고장이 나면 잠시 멈추고 수리할 시간이 필요하듯이 내 몸도 휴식의 시간이 필요했다. 그런데 쉬는 게 쉬는 게 아니었다. 나는 그 사이를 못 참고 배움의 길을 찾았다. 중학교를 졸업하고 난 이후 학교 공부에 대한 미련은 없었지만 그래도 공부는 하고 싶었다. 대학물을 조금이라도 맛보고 싶었다. 그래서 신안산대학교 부설 여성자치대학에 입학했었다. 항상 배고파 했던 인문학을 배우기 위해서 나는 결석 한 번 해보지 않았었다. 이 과정이 끝나고 나서 곧바로 한국호텔전문학교 조리학과에 입학했었다. 식당을 운영한다고 하지만 주먹구구식이었기에 좀 더 체계적으로 배우고 싶었다. 다른 사람들이 나의 음식솜씨가 좋다고 하였으나 여기에 학문적 깊이를 더하니 더 맛있고

신안산대학교

SAU

眞 理
博 愛
誠 實

제 17-2049호 SAU

수 료 증

안산시여성자치대학
조 미 자

귀하께서는 안산시와 신안산대학교에서 관·학 협력으로 실시한 제24기 안산시여성자치대학 교육과정을 이수하셨기에 이 증서를 수여합니다.

2017년 6월 1일

신안산대학교 사회교육원
원 장 공학박사 지 의 상

위 과정의 수료에 의하여 이 증서를 수여함.

2017년 6월 1일

신 안 산 대 학 교
총 장 공학박사 강 성 락

더 깊은 맛을 낼 수 있었다. 배움의 끈을 놓아버리면, 어느 한 곳에 쌓여서 부식되기를 기다리는 녹슨 고철과 다를 바 없다는 생각이다. 배움은 내가 살았음을 증명하는 유일한 부표(浮標)였었다.

횟집 지배인이 되다

그렇다고 무작정 집에서 쉬고 있을 수는 없었다. 한참 젊은 새댁이 시어머니와 한집에 같이 있다 보면 좋은 꼴보다는 좋지 않은 일들이 더 많이 생기기 때문에 서둘러서 일자리를 찾았다. 젊은 시어머니가 집에 계시니 아이들을 맘 놓고 맡길 수 있었다. 그래서 이번에는 횟집 종업원 겸 지배인으로 들어갔다. 이곳에서는 독산동 액세서리 가게에서 단골손님 관리하는 방법을 익히 배워둔 터라 식사하러 오신 손님을 모조리 그 횟집 단골로 만들었다. 그러다 보니 팁도 많이 받았다. 내가 받은 팁은 일정 금액을 떼어서 함께 일하는 종업원들에게 나누어 주었다. 칼국수 집 사장을 해본 터라 주인이 어떻게 해야 주인의 생각대로 종업원들이 잘 움직이는지 잘 알고 있었다. 과부가 과부 마음 안다고 나는 늦은 밤 열두 시가 넘어서 주인 언니와 함께 퇴근했다. 당일 저녁에 깨끗하게 설거지 등을 마무리하지 않으면 다른 종업원들이 그다음 날 출근하면 새벽부터 고생하게 된다. 그래서 뒷정리를 말끔하게 하고 나서야 퇴근을 했었다. 나는 몸에 밴 대로 그렇게 주인 노릇을 하고 있었다.

새로운 길, 금성사 대리점 사장에 도전하다

그러는 동안 시골에도 전기가 보급되면서 생전 보지도 구경도 안

해본 전자제품들이 쏟아졌다. 집 근처 시장에 '금성사'라는 전자제품 대리점이 있었는데 시장을 보러 온 사람들이 사지는 않지만 틈나는 대로 금성사에 들어가서 새로 나온 전자제품을 구경하곤 했다. 언젠가는 꼭 사야겠다고 찜하고 나오는 것이었다. 그 광경을 보면서 나는 전자제품 대리점을 하면 돈벌이가 될 것이라 확신을 했다. 그래서 군에서 막 제대하고 집에서 놀고 있는 막내 시동생보고 금성사에서 대리점을 운영하는 기술을 배우게 했다. 지금까지 벌어둔 돈을 모두 투자해서 금성사 대리점을 열었다. 전자제품에 대한 붐이 일었다. 내가 예상한 것과 한 치의 오차도 없었던 터라 장사도 제법 잘 되었고 수입도 짭짤했었다. 그렇게 몇 해가 지나자 하이마트 등 대형매장이 들어오기 시작했다. 앞으로 전자제품매장은 대형화하지 않으면 살아남기 힘들겠다고 판단했었다. 그래서 더 이상 고민하지 않고 곧바로 접었었다.

또 다른 도전, 핸드폰 Shop을 열다

그때 눈에 띄는 것이 있었으니 핸드폰이었다. 누가 가르쳐 주지 않아도 모두들 핸드폰을 사려고 했었다. 나는 핸드폰 수요가 급속하게 늘어날 거라는 판단이 서자 즉시로 핸드폰 가게를 열었었다. 이때는 젊은 친구들을 포함하여 모두 11명이 한집에서 살았다. 직원들에게는 숙식을 제공했다. 젊은 시절에 한 푼이라도 더 저축하게 해주려는 마음이었다. 와이셔츠는 물론 다른 빨랫감도 모두 내 몫이었다. 나 하나 힘들어도 다른 사람들이 행복하다면 나도 행복했었다. 시장의 변화를 앞서서 생각하고 '앞으로는 뭘 하지?'라는 생각을 하며 살다 보니 하는 일마다 성공을 했었다. 그렇게 해서 어느 정도 돈이 모이니 고잔역 부근에 상가 건물을 지을 수 있게 되었다.

노래를 부르고 싶어 노래방 주인이 되다

노래방 기기를 통한 점수가 100점 나오기는 쉽지 않다. 그동안 못 불렀던 노래나 실컷 불러보고자 노래방을 열었다. 어렸을 때부터 동네 가수라고 소문난 '나' 였기에 10곡을 부르면 5곡 정도는 100점이 나오리라 기대했었다. 100점이 나오지 않으면 100점이 나올 때까지 불렀었다. 노래방 기계가 나를 지독한 사람이라 흉을 보았을 것이다. 그 이후에는 대부분 100점이 나왔다. 내가 노래하는 실력이 그만큼 늘었겠거니 시건방을 떨어보기도 했지만, 노래방을 차린 덕분에 원 없이 노래를 불러보았다. 나는 내 건물 지하에서 노래방을 운영했다. 남편에게 어찌 조금이라도 힘이 되어줄까 해서 도움을 청해 보았다. 남편은 1개월 정도 돕는 척하더니만 답답하다고 하면서 더는 도와주지 않았었다. 나 혼자서 하기에는 벅차고 아이들이 아직 학교에 다니고 있기에, 아이들도 돌보아야 한다는 핑계를 대고 노래방은 세를 내주었다. 집에서 잠시 쉬고 있는 동안에 나는 합창단, 문화원 등을 열심히 다녔었다. 무언가를 해보겠다고 열심히 돌아다니다 진짜 귀인을 만났었다. 나는 합창단 활동을 하다가 가요계의 전설 '송결' 선생님을 극적으로 만나게 되었었다. 찾지 않으면 찾아지지 않을 것이고, 구하지 않으면 구해지지 않을 것이고, 묻지 않으면 대답을 들을 수 없다는 것을 다시 한 번 깨달았다.

또 다시 식당 요리사, 청국장 집을 열었다

동네 사람들은 내가 음식솜씨가 남다르다는 것을 모르는 사람이 없었다. 그래서 그랬을까 내 건물 뒷집 건물주가 나에게 식당 한번 해보라는 제안을 했었다. 세를 주고 있는 식당이었는데 '맛없는 집'이라 소문이 나서 그런지 월세도 밀리고 보증금도 모두 바닥이 나서 내보내야겠다고 했었다. 나는 그곳에다 청국장집을 열었다. 나는 홧병 사리가 날 정도로 소화기계통이 아주 안 좋았었는데 청국장을 먹고서 많은 차도를 보았었다. 청국장을 먹고 건강을 회복했던 나로서는 청국장에 대한 믿음이 강했다. 때마침 건강식 바람이 불어 청국장집도 아주 잘 되었다. 이곳에서는 곁가지 메뉴로 밴댕이 회, 아구찜 등도 추가했었다. 단골손님이 꽤 늘었다. 돈벌이도 아주 잘 되었다. 내가 하는 일, 내 손을 탄 곳은 모두 대박이 났다. 참 신기한 일이다. '나는 운이 아주 좋은 사람'임에 틀림없다.

소원성취가 이루어진 가수가 되다

이러는 동안, 송결 선생님 덕분에 부산국제가요제 참가신청을 할 수 있게 되었다. 또 다른 도전이었다. 나는 어려서부터 노래 부르기를 무척 좋아했었다. 식당에서 설거지할 때도, 대리점에서 제품 팔 때도, 집에서 청소할 때도, 언제 어디서나 '준비된 무명가수'였었다. 나는 새로 나온 노래는 노랫말을 외우고, 내가 좋아하는 노래는 흥얼거리기를 잊지 않았었다. 그렇게 마음속에 쌓아두었던 노래들이 지금부터는 몸 밖으로 나오려고 한다. 한겨울 추위를 견뎌낸 봄쑥이 머리를 내밀고, 돌 밑에 끼여있던 돌미나리도 쓴맛을 풍기며

기지개를 켜는 듯하다. 53살이 넘어서 '무명가수 탈출, 스타 명가수 탄생'이라는 짙은 슬로건을 야심 차게 내걸고, 새로운 길 가수의 길에 도전장을 내밀었다. 나는 운이 억수로 좋은 사람이기에 스타 명가수가 되는 것도 믿어 의심하지 않는다.

나는 부산국제가요제에서 동상을 수상했다. 그리고 '여자는 아내로 엄마로', '사랑이 오고 있어요', '청양에서'라는 음반도 냈다. 이제는 당당하게 가수라 부를 수 있게 되었다. 지금부터는 '스타 명가수'를 향해 밤낮없이 뛸 것이다. 그렇게 열심히 눈물 짜내면서 도전했던 삶이 모두 노래가 되었다. 이제는 어둠이 없어도 빛나는 별, 대중들의 마음속에 환하게 빛나는 별이 되고자 한다.

늘상 '앞으로는 뭘 하지' 하는 생각을 달고 살다 보니 이렇게 다양한 경험을 하게 되었다. 하고 싶은 것은 절대 참지 말고 저질러라 한다. 저지르면 무조건 남는 것이 있다. 실패하더라도 후회가 남는다. 성공하면 또 다른 미래가 남는다. 오십 나이에 스타 명가수가 되겠다고 도전하는 나는 오뚝이 인생을 사는 걸까? 꿈이 있으면 불사조가 될 것이다. 목표가 있으면 도전이 있을 것이다. 그렇게 목표를 향해 뛰어가리라. 목표에 한 발짝 한 발짝 더 다가갈수록, 성공의 문은 가까워질 것이다. 성공의 문을 열 수 있는 것, 그것은 바로 열정이다. 열정적으로 배워야 한다. 나는 아직도 '노래 배움'에 배고파하고 있다.

Certificate of Completion

Dan-Won Food Management Performance

Jo Mi Ja

has successfully certified
The Food Management Program
Date : 2008. 07. 01

President
Youk Kwang Sim

Korea Hotel & Tourism Technical College
Food Management Performance Academy

내 지문은 어떻게 생겼지?

산전(山戰) 수전(水戰) 육박전(肉薄戰) 도합 30년

최근에 부동산 매매용 인감증명서를 발급받으려 동사무소엘 갔었다. 바쁜 시간을 쪼개어 번호표를 뽑고 기다렸다. 오랜만에 와보니 하는 것마다 낯설다. 식당일은 손에 익었지만, 체온을 재고, 방역패스 인증하고, 번호표 뽑기 등등. 한참을 기다리니 내 순번이 되었다. 동사무소 직원은 신분증을 보여달라고 했다. 신분증을 건네주니 무슨 용도로 인감증명서를 발급받으려 하냐고 물었다. 부동산 매매용이라 하니 써야 할 곳이 많았다. 그러고 나서 지문인식기에 엄지손가락을 올려놓고 누르라 한다. 한참을 눌러도 말이 없다. 몇 차례 더 시도를 해보았는데도 내 지문 인식을 제대로 하지 못한다. 때가 끼어서 그러는가 싶어 화장실에 가서 손을 씻고 다시 눌러 보았다. 그래도 인식을 하지 못한다. 물이 묻어서 그러는가 싶어 손수

건으로 닦고 나서 다시 시도해보았다. 그래도 안 된다. '뭔 일이여, 이것이 뭔 일이여 환장할 노릇이네' 하면서 뒤돌아보니 민원인들이 꽤 많았다. '왜 그런데유, 내 지문은 정상적으로 생긴 것 같은데 이놈의 기계에 문제가 있는겨, 아니면 사람을 차별하는겨?' 이렇게 투덜거리며 다시 한번 엄지손가락을 눌러보았다. 그래도 안 된다. '될 때까지 한 번 해볼까' 하는 마음도 있었지만, 번호표 뽑고 기다리는 민원인들 얼굴색이 안 좋다. 시간에 쫓기는 사람들은 불만이 입 밖으로 나오려는 것을 꾹꾹 눌러서 참고 있는 모양이다. 얼굴에 모두 씌어있었다. 그래서 서둘러서 '다음에 다시 와서 발급받겠다' 라고 말하고 다른 순번의 민원인에게 양보하고 나왔다. 동사무소에서 서류 한 번 떼려다 온갖 망신을 다 당하다니…

불장사 물장사 도합 30년이 넘었다. 이제는 불을 끄기 위해 물을 뿌린다. 물을 끓이기 위해 불을 지른다. 그러다 불이 나면 무엇으로 그 불을 끌 것인가?

불에 달군 돌솥에 데이고, 팔팔 끓는 뜨거운 국물 속에 데이고, 튀튀튀 삽겹살 굽는 철판에 데이고, 만두피 통통하게 빚다가 엄지손가락 지문이 그렇게나 닳아졌나, 축축한 행주로 식탁을 닦다가 그 아까운 지문이 닳아졌나? 설거지하다 물에 불려서 뭉개졌을까? 양파를 썰다 손가락 끝을 살짝 베이고, 고기를 썰다 손가락 옆을 왕창 베이기를 밥 먹듯 하였으니 성할 리가 있겠는가? 캔 뚜껑 따다 벌어진 손톱, 커터날에 잘려나간 살점들이 여기 저기 날아다닌다. 손이 아름답다고 예쁜 손 모델로 캐스팅 될 뻔 했었는데, 데이고, 뭉개지고, 닳아지고, 잘리고, 베이고… 그렇게 없어진 지문이 나를 울린다.

밉상 손님

'너 그 집 한 번 가봤어?' '왜?' '너 그 집 가서 ○○○ 먹어봐'

이렇게 입소문이 나면서 손님이 또 다른 손님을 불러오고 있었다. 그만큼 입소문은 힘이 세다. '뭘 먹어봤는데 응?' '그 집에 가봐'라는 대답만 들려온다. 어느 유명한 식당에 가면 꼭 먹어봐야 하는 요리가 있다. 먹어보지 않은 사람이 그 맛을 어찌 알겠는가. 소문이 소문을 부르니 그저 그 요리를 먹겠다고 하는 손님들이 줄을 서고 있을 뿐이다.

이 사람이 이런 말 저 사람은 저런 말 그 사람은 그런 말을 하는 것이다. 맛있게 먹고 나면 그 맛있다는 표현이 이렇게 수천 가지가 된다. 빠르다 빠르다 해도 이렇게 입소문이 빠르게 날 줄이야 나도 모르고 신도 몰랐다. 번개보다도 더 빠르고 KTX보다도 빨랐다.

입소문은 눈에 보이지 않는 무형자산이다. 요즘에는 돈 되는 정보도 맛있는 먹거리 정보도 건강 정보도 모두 귀하게 다루어지고 있다. 한 사람의 고객이 충성고객이 된다면 이처럼 큰 변화를 가져오게 된다.

주문한 음식 다시 반납하고 싶은 손님

한꺼번에 밀려오는 손님들, 어쩔 수 없이 동시에 들어온 손님들과 경쟁 관계에 놓인다. 음식을 먹는 시간은 대충 엇비슷하지만 기다리는 시간에 차이가 난다. 주문한 음식 준비하는 시간도 비슷하다. 다만 주문받은 순서대로 음식을 준비하기 때문에 뒤늦게 들어온 주문서는 그만큼 늦게 준비할 수밖에 없다. 더구나 큰 식당이 아니면 화덕에 여유가 없다. 그러니 먼저 주문한 음식 조리가 끝날 때까지는 어떻게 할 도리가 없다. 그럼에도 불구하고 거의 동시에 들어온 손님들은 다른 사람과 비교해서 내가 주문한 음식이 늦게 나오면 화를 낸다. 괜히 다른 손님에 비해 차별대우를 받는다는 오해 아닌 오해를 하는 것이다. 그래서 여기저기서 큰소리가 나기 시작한다. 식당의 속 사정을 알고 있어도 동행한 손님들이 화를 내면 그 화냄에 동참하지 않을 수 없기 때문이다. 더 웃기는 것은 예약하고 미리 음식을 주문하고 오신 손님들을 보면서 화를 내는 손님들이 많다는 것이다. 그렇게 시간이 아깝고 다른 사람보다 먼저 식사를 하고 싶으면 사전에 예약하고 오면 될 일이다. 우리나라 사람들은 예약문화에 익숙하지 않아서 그런지 예약도 당당하게 하고, 노 쇼우(No Show)도 당당하게 한다. 예약 취소한다는 전화 한 통은 다른 손님들을 위한 배려라는 생각은 전혀 하지 않는다.

한꺼번에 밀려든 손님들을 마중하고 음식 준비를 하고 있는데도, 금방 주문해놓고서 '왜 이리 늦게 나와요?' '왜 이리 안 나오느냐?' '이렇게 장사해서 어디에다 쓸 거냐', '이런 서비스 정신으로 밥장사를 하다니' 하면서 버럭버럭 화를 내는 손님이 있다. 그럴 때는 밥그릇을 그 얼굴에 확 뿌려버리고 싶어진다. 반찬 가져다주면서 침을 확 뱉어버리고 싶어진다. '대접받고 싶거든 대접해주는 식당으로 가면 되지 왜 이렇게 바쁜 시간에 와서 대접을 해주네 마네' 하는가 말이다.

그렇게 화를 내면서 맛있는 음식의 맛을 제대로 느낄 수가 있을까 싶다. 그러면서 맛이 있느니 없느니 불평불만을 쏟아낸다. 사람의 감정은 똑같다. 나한테 화를 내면 화로 화답을 하고 나한테 칭찬을 하면 더 좋은 친절로 응답을 하게 된다. 좋은 말 예쁜 말이 내 입에서 나갈 수 없게 만드는 사람들, 그러면서 왜 이 식당에 오는지 모르겠다. 정말 맛있으면 맛있다고 말하고 기다리면서도 더 맛있게 먹을 수 있고, 맛있게 먹었다고 말해주면 다음에는 더 맛있게 해줄 터인데 왜들 그렇게 화부터 내는지, 천태만상의 사람들 사는 세상 한번쯤 살아볼 만한 가치는 분명 있다고 생각한다.

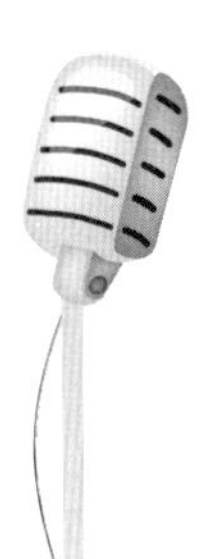

감동을 주는 특별한 손님

'이 집은 말이여 주인 아가씨 요리가 최고여. 손맛이 장난이 아니더구만. 한 번 드셔 봐' 하면서 칭찬이 앞서는 손님이 있다. 그런 말을 하는 손님은 기다림에도 순하다. '내가 누구여, 맛집 하면 나 아닌감' 하는 손님, 옆에서 그 말을 들으면 그냥 기분이 좋다. 주문 메뉴에 따라 반찬의 가지 수와 상차림이 다르지만 그런 손님에게는 차림 상에 없는 반찬도 별도로 더 갖다 주고 싶어진다. 그러면 '오늘은 다른 날보다 맛이 훨씬 더 좋구만. 양도 푸짐하게 주시고 신경도 더 많이 써줘서 고맙습니다. 어머니가 해주는 밥맛이어서 이 식당을 자주 오게 되는구먼유!' 이런 말은 들어도 들어도 질리지 않는다. 그런 손님은 늘상 다른 손님들을 모시고 와서 항상 ○○○ 요리를 주문한다. 그리고 모시고 온 손님들에게, 직원들에게도 칭찬을 아끼지 않는다. 더구나 회사 직원들 회식도 납품거래처 사장님 접대도 이 식당에서 한다. 맛있다고 하면서 포장까지 해야겠다고 성화다. 이 얼마나 고마운 손님인가?

내가 만들어준 음식 맛있게 먹고 '고맙습니다' 하는데 어디가 미울까. 더구나 다른 가족들에게 맛을 보이겠다고 하니 이 얼마나 기분 좋은 말인가. 이런 손님한테는 음식값 안 받아도 배가 부르고 외상 달고 먹어도 기분이 좋다. 수익이 남아서만 기분 좋은 것이 아니다. 마음이 부자가 되니, 부자 마음으로 인심을 쓰게 되어 기분이 더 좋아진 것이다. 기분 좋은 마음, 행복한 마음이 자꾸 불어난다. 소다를 뿌린 밀가루 반죽처럼 자꾸 부풀어 오른다. 내 인생도 이렇게 좋은 사람들을 만나서 좋은 기분이 부풀어 오르면 좋겠다.

보름달은 초승달이 하루하루 정성을 쏟으며 커지는 것이다. 보름달이 되면 그날로부터 점점 자기 살을 내어주기 시작한다. 한 점도 남김없이 내어준다. 밑바닥까지 깨끗이 비우고 나서 새로운 달을 채우기 시작한다. 나에게 복을 나누어주는 손님, 그 손님에게 받은 복은 다른 손님들에게 골고루 나누어주어야 한다. 배부른 풍선이 터지지 않고 아름다운 자태를 유지하게 되는 것도 같은 나눔의 원리가 적용되고 있을 것이다. 우리 집에 처음 오신 손님은 반갑고, 두 번 오신 손님은 고맙고 세 번 오신 손님은 정들고 네 번 오신 손님은 가족이 된다는 주인의식을 가지고 음식맛과 더불어 친절중심 마인드를 가지고 영업을 하니 하루하루가 즐겁고 신명이 난다.

친정 엄마 사랑보다 더 엄마스러운 사랑의 마음

등 굽은 할머니의 인생 여정

독산동 쪽방에서 6개월 정도 살았다. 불러오는 배를 보면서 먹고 사는 문제를 고민해야 했다. 남편은 돈벌이는 하지 않았다. 그러면서도 뻔뻔스럽게 시댁에 매달 일정 금액의 돈을 보내드려야 한다고 했다. 참으로 어처구니가 없었다. 그래서 안산에 계신 시어머니를 찾아갔다. 그 집은 겉보기는 허름했다. 방 구조가 그런대로 살 만했다. 그래서 남편 보고 같이 들어가 살자고 했다. '개뿔도 없으니 두 집 살림할 필요가 없다'고 생각했다.

안산 시댁으로 들어가야만 했던 진짜 이유는 시어머니가 장만해 둔 시골집을 다른 사람이 살면서 그 사람이 시어머니 이름이 아닌 사기꾼 이름으로 등기를 해둔 사실을 알았기 때문이다. 계속 모른 체하고 있으면 그 집이 고스란히 사기꾼 손에 넘어갈 것 같아 서둘러 그 집으로 이사 가자고 했다. 그 집을 되찾아야겠다고 마음먹은 이상 나는 안산으로 이사를 결행했었다. 더구나 시어머니를 모시고 함께 생활하니 생활비 지출도 많이 줄었다. 쌀이 떨어져도 돈을 벌어다 줄 생각을 안 하는 남편이나 아직은 젊어 보이는 시어머니도 일을 안 하시기는 마찬가지였다. 아직도 그 시절을 생각하면 도무지 이해불가다. 시어머니 덕분에 내가 애를 셋이나 낳았고, 그 애들은 대부분 시어머니께서 돌봐주셨다.

그러다 보니 자연스럽게 많은 대화를 하게 되었다. 애들이 셋이나 되는데, 그것도 모두 아들이다 보니, 시어머니께서도 나에게 묻어놓은 말 못 할 사정이 참 많았을 거라 생각한다. 그래도 불평 한마디 하지 않으셨다. 내가 돈 벌러 나갔다가 밤늦게 들어오면 내 눈치를 먼저 보는 것이었다. '자기 아들이 얼마나 못났으면 지 색시를 밖으로 내보내 돈을 벌게 하는가?' 하는 자괴감도 있었을 것이고, 내가 키도 크고 한 미모 했기 때문에 '하시라도 딴 마음 묵고 집을 나가버릴 것'이라는 근심 어린 생각도 많았을 것이다. 그러다 보니 내가 하는 일에는 한마디도 반대하지 않으셨다. 그저 오냐 오냐 하시면서 잘한다 잘한다 하시면서 신경 써주시고 격려해주셨다.

내가 가장 행복한 순간에도 가장 먼저 떠오르는 사람은 단연코 우리 시어머니다. 어린 애들을 위해 집에서 멀지 않은 곳에 있는 식당을 다니고, 대리점을 차리고 하였으니 시어머니도 이제 나를 믿고 의지하시는 듯했다. 동네 어디를 가도 침이 마르도록 며느리 자랑이 일 번이었다. 이곳저곳 다니시면서 '예쁜 며느리 우리 복덩이 며느리' 하며 며느리 좋다는 소리를 날마다 하시니 자연스레 나는 효부가 되고 있었다.

동네 어르신들이 저를 볼 때마다 '시어머니에게 그렇게 잘한다면서, 아우 고마운 것, 어쩌다 저런 며느리를 봤을까?' 하는 분도 계시고, '도대체 자네 어머니는 무슨 복이 그렇게 많아서 자네 같은 며느리를 본 거야 정말'. 하고 부러운 마음을 마음껏 내보이시기도 했었다. 이런 소릴 듣고 다닌 잘난 내가 동네 어르신들에게 힘껏 봉사할 수 있는 기회가 생겼다. 아침 일찍 일어나 동네 주변을 온통 깨끗하게 빗질을 한 것이다. 깔끔해진 동네 골목을 보면서 내 마음도 후련하고 동네 분위기도 밝아지니 효부라는 이미지는 더 강화되었다. 깔끔쟁이가 깔끔을 좀 떨었는데 이런 칭찬이 계속 따라왔었다. 이런 영향을 받았을까 내 아이들도 '어르신들 공경하기', 나보다 못한 사람 보면 '챙기고 보살피고 도와주려는 것'을 솔선수범한다. 그런 봉사하는 일에는 언제나 일등이었다. 마음이 시키는 대로 하니까 어느새 며느리가 아닌 이 집 딸이었고 이 집의 왕초가 되고 있었다. 친정엄마보다 더 많은 시간을 시어머니와 함께 보냈다. 나는 어렸을 적에는 할머니 품에서만 자랐으니 친정엄마에 대한 아린 추억이 별로 없었다. 그래서 나는 시어머니를 친구로 엄마로 생각하며 살았다. 항상 말동무해 주시고 항상 어린 손 잡아주시는 시어머니, 가장 행복한 순간에 가장 먼저 떠오르는 사람, 나의 친구이자 친언니 같은 시어머니... 사랑한다는 그 말 백번이라도 하고 싶다.

기도의 힘 : 마지막 유언

시어머니는 시아버지가 태우셨던 담배 연기 때문에 폐암으로 돌아가셨다. 어지간하면 병원엘 가지 않으시고 집에서 치료를 받으시려 했다. 며느리는 모든 것을 할 수 있는 전지전능한 수호천사로 알고 계셨다. 그래서 딸이 두 명이나 있어도 당신의 병간호를 전혀 부탁하지 않으셨다. 오로지 며느리만 찾으시고 곁을 떠나지 않았다. 어떤 사람에게도 보여주고 싶지 않은 은밀한 부분까지도 보여줄 만큼 모든 것을 다 맡기고 있었다. 감추고 싶은 비밀이 어디 한두 가지일까만, 나에게 만큼은 빈 유리병처럼 속을 훤히 다 내보이셨다. 거울을 바라보면서 얼굴을 다듬 듯 어머니 속 마음을 그렇게 아우르고 있었다.

어머님 첫 유언으로 '이제 일 그만하고, 하고 싶은 일 실컷 하고, 부르고 싶은 노래 실컷 부르고, 고구마 줄기 같은 이야기를 책으로 엮으면 다섯 트럭은 될 터인데, 성당도 열심히 다니고...' 성당 열심히 다니라는 말끝에 '예 알겠습니다 어머님, 기도도 열심히 하겠습니다' 하고 대답하니, 어머니는 그 말을 듣자마자 뒤도 돌아보지 않고 멀고 먼 하늘나라로 가셨다. 믿음이 강건하지 않은 며느리를 보면서 '저 어린 것이 언제나 철이 들고 언제나 참 신앙인이 되려나' 노심초사 걱정이셨나 보다. 기도에 열중하고 계신 시어머니 옆에서 '기도하면 돈이 나와요, 쌀이 나와요' 하면서 구시렁거리는 며느리가 성당 열심히 다니겠다는 대답을 하자 비로소 마음을 놓으신 것이다.

대성통곡을 하니 병원 직원들이 뛰어 들어왔다. 옆에 있는 사람들도 모두 엉엉 울었다. 그때 흘렸던 눈물이 바다를 이루듯 병원 바닥을 흥건하게 적셨다. 나는 그날 흘린 눈물을 짜 보았으면 한 바가지는 넘쳤을 것이라고 말하곤 했었다. 시어머니가 돌아가신 후, 며칠 동안은 나 혼자서는 집엘 들어가질 못했다. 시어머니가 대문을

지키고 계셨기 때문이었다. 다른 식구들이 오면 집 안으로 들어가서 불을 켜라 하고 불이 켜지면 그때서야 한 발 한 발 집 안으로 발걸음을 옮길 수 있었다. 어쩌면 나는 시어머니에게는 며느리가 아닌 딸이었고 딸이 아닌 아들이었을 것이다. 딸에게도 시키지 못한 일을 나에게만 시키고, 아들에게도 시키지 못한 일을 나에게만 시켰으니 전생의 인연은 분명 친구였을 것이다.

깊은정, 미운정, 고운정 다 들어버렸는데 텅빈 가슴 한 구석 찬서리 맞은 꽃처럼 설움이 왈칵 쏟아져 내린다.

어머니 그 사랑 잊지 않을게요. 남은 인생 어머니께서 못다하셨던 일 제가 대신 채워드릴게요. 그토록 원하시던 명가수가 될게요. 하늘에서도 기뻐하실 울 어머니 영원히 내편이 되어주세요.

고마웠습니다. 사랑합니다. 어머니.

개문만복래 (開門萬福來)

물 한잔의 나눔이 나를 살렸다

소문만복래(笑門萬福來)라는 말은 들어봤어도 개문만복래는 생소하다. 잘 모르는 어떤 사장님이 열어 놓은 대문을 밀치고 들어와서 '물 한잔 얻어먹어도 됩니까' 해서 물을 대접했고, 며칠 있다가 다시 와서 물을 얻어먹고 난 후 나를 찬찬히 쳐다보며 '미싱 질을 할 수 있냐'고 물었다. 나는 '어려운 것은 잘 못하고 간단한 것은 잘 할 수 있다'고 말했다.

왕건에게 물 한 잔 내어준 나주 처자, 그 장화왕후처럼, 나도 그렇게 복 있는 마음을 베풀었다. 대문을 열어놓지 않았으면 어찌 그 사장님이 우리 집에 들어올 수 있었겠으며 물 한잔 건네줄 마음의 여유가 없었다면, 아니 물 한 바가지 드리려는 아름다운 마음이 없었다면 이런 크나큰 행운을 어떻게 잡을 수 있었겠는가. 시댁 어르

신들을 모시고 살다 보니 항상 대문을 열어두고 살았는데, 복이 들어오는 통로를 시댁 어르신들이 닦아준 거나 다름이 없다. 아파트에서 거주하다 보면 앞집 사람과도 인사가 어려운데 어찌 문을 열어놓고 살 수가 있겠는가? 담이 높을수록 복이 넘어오려면 힘이 들 것이다. 담을 낮추면 동네 사람들의 움직임을 볼 수 있고 내가 가야 할 곳 내 손길이 다가가야 할 곳이 보이게 된다.

마음의 벽을 높이면 정말 들어올 복이 들어오지 못할 거라는 생각이 드니 자꾸 나를 낮추게 된다. 내가 낮아짐으로 다른 사람이 높아진다. 내가 높아지려 하면 다른 사람을 짓밟아야 한다. 내가 낮아진다는 것은 나의 마음의 문턱이 그만큼 낮아지고 종국에는 내 마음이 열린다는 것이다. 내가 좀 더 많이 가지려고 하면 다른 사람 몫을 내가 더 가져와야 한다. 그러면 오는 복도 나를 피해 갈 것이다. 복이 있어야 이웃과 나눌 복도 있겠지만 근본적으로는 복을 나누려는 마음이 있어야 한다. 나는 그런 사람에게 복이 몰려다닌다고 생각한다. 나는 대문을 활짝 열고 복이 넘치는 일을 옆집 아낙네와 같이했다. 내가 잘못하는 것을 그 아주머니는 너무도 잘했다. 그 사람이 못하는 것은 내가 꼼꼼하게 더 잘했다. 일감을 몰아주는 그 사장님은 이것도 잘하고 저것도 잘하니 더 많은 일거리를 계속해서 가져다주셨다. 그러니 돈도 많이 벌고 일도 더 재밌게 할 수 있었다.

화양리에서 짬짬이 미싱 질 연습을 해두었던 것이 이렇게 큰 행운을 가져다줄 줄이야. 밑단 박음질은 잘할 수 있다고 하니 그 사장님이 연락처를 주고 가셨다. 미싱 기가 없다고 하니 미싱 기도 한 대 사 주셨다. 일을 시작한 지 얼마 지나지 않았는데도 일에 가속도가 붙었다. 그래서 하루에 2~3만 원씩 벌었었다. 지금 시세로 치면 큰돈이다. 그때 당시 월세가 3만 원 남짓 했었다. 돈 버는 재미도 쏠쏠했다. 사장님이 수출용 원단을 트럭으로 싣고 와서 우리 집에 내려놓고, 박음질이 끝난 제품은 실어 갔었다. 그 많은 양의 원단을 불량 하나 발생시키지 않고 꼼꼼하게 처리해주었다. 그랬더니 그 사장님이 구찌 제품 가죽에도 박음질해 달라고 했다. 이 작업은 단가가 세고, 불량이 나면 손해가 크기 때문에 확실히 믿을 만한 사람이 아니면 일을 맡기지 못한다고 했다. 돈이 계속해서 벌리니 옆집에 시집온 새댁을 불렀다. 나만큼 어린 새댁인데 아들만 둘을 두고 있었다. 그 새댁의 남편이 막노동하다 허리를 다쳐서 먹고 살기 힘들다고 날마다 끙끙거리고 있었다. '혹시 미싱 질은 해보셨어요' 하고 물으니 '시집오기 전에 재봉틀을 제법 돌렸다'고 했다. 그래서 함께 이 일을 하자고 했다. 미싱 질을 나보다 훨씬 잘했다.

나는 나 혼자서도 할 수 있는 물량이었는데도 처지가 딱한 옆집 새댁에게 돈을 벌게 해주고 싶었었다. 그런 생각을 했던 나 자신이 스스로 대견스러웠다. 내 마음도 덩달아 행복했었다. 좋은 것을 나누고 베풀면 누이 좋고 매부 좋다고 한다. 그렇게 나누었던 복이 고스란히 나에게로 돌아온다는 것을 실감했었다. 그래서 그 이후로는 나보다 형편이 못한 사람에게는 더 잘해주고 더 베풀어주고 더 챙겨주었었다. 아이들에게도 봉사와 헌신 공경하는 마음 등을 수시로 가르치고, 현장체험 봉사활동도 자주 데리고 다녔다. 그런 마음으로 세상을 바라보니 세상이 아름답지 않은 것이 없었다.

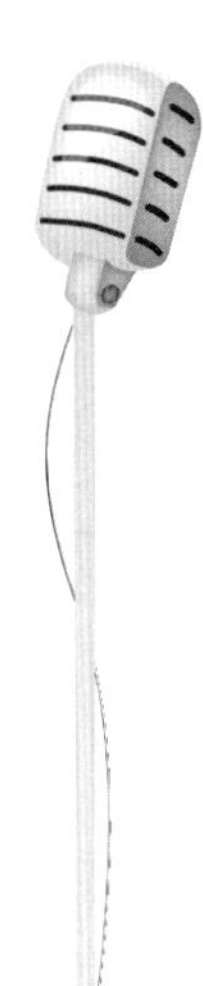

아, 정말 장롱 속에 가둘 수만 있다면!

'이봐요, 애들 좀 어떻게 해봐요!' '애 엄마는 뭐해요 지금!' '밥 좀 먹읍시다요!'

내 면전에 대고 온갖 땡깡을 부리는 아이들 달래지 않는다고 야단들이다. '아니 저런 애들을 데리고 이런 곳에 나오다니 매너가 참 촌스럽구만' 하면서 뒷구멍으로 호박씨 까듯 흉을 보고 있었다. 애들은 뱃속에 담고 있을 때가 효자지 밖으로 나오면 웬수 덩어리가 된다고 하더니만 그 말이 맞는가 보다. 아들은 원하는 것을 한 번 정하면 손에 쥘 때까지는 통제가 불가능이었다. 무엇으로도 달랠 수가 없었다. 일단은 뒹굴고, 이단은 악을 쓰며 운다. 삼단은 밥을 안 먹는다. 이 버릇을 어떻게 잡아야 할까? 밖에서뿐만 아니라 집에서도 이리 뒹굴고 저리 나뒹굴 때는 화장실 변기에 앉아서 밀어내기 한 판조차도 맘 편히 해소할 수가 없었다.

'저도 제 아이지만 장롱 속에 가둘 수만 있으면 좋겠어요' 하고 한마디 확 내지르고는 눈치가 보이니 슬그머니 아이들을 데리고 그곳을 빠져나올 수밖에 없었다. 동네 우세는 다 당하고, 땡깡쟁이란 소문도 다 났지만, 애들이나 나나 아는 게 없으니 '애들도 울고 나도 울고' 서로 부둥켜안고 우는 수밖에 달리 뾰족한 다른 방법이 없었다. 버티고 버티면서 저렇게 악을 쓰면, 저 미운 짓거리를 어디로 보아주고 어디만큼 참아야 하는가? 내가 왜 이렇게 살아야 하는 건지 가슴이 먹먹해지기도 했다. '아가야 네가 이러면 엄마도 힘들단다'. '엄마가 마음이 아파서 울면 너도 마음이 아프잖아'. '그러니 엄마 말 좀 들어줄래!'. '으이쿠 이 웬수 덩어리들'. 한숨 소리만 커졌다.

'엄마는 너만 바라보고 산다고 이놈아', '엄마 몰래 무슨 짓을 한 거야 이놈아', 싸우지 말라 하면 툭 허니 다른 애들하고 싸우고, 매 맞을 짓 하지 말라 하면 선생님에게 뒤지도록 매 맞고 오고, 하라는 공부는 지지리도 안 하면서 하지 말라는 짓은 골라서만 했었다. '엄마! 선생님이 엄마 모시고 오라고 했습니다'라고 말하면, '오늘은 무슨 일로 보자고 하실까?' 가슴만 두근거렸다. 아들 셋만 키우다 보니 요놈이 조용하면 저놈이 말썽 피우고 저놈이 조용하면 이놈이 사고를 쳤다. 다람쥐가 쳇바퀴를 도는 것처럼 세 놈이 번갈아 사고를 치니 아들의 손을 잡고 뻔질나게 학교를 드나들었다. 세 아이 덕분에 개근상 탈 뻔했었다. 갑자기 어린 시절, 엄마가 뭘 시키면 왜 그렇게 하기가 싫었던지 모르겠다. 무조건 '안 해' '못 해' 하면서 엄마의 발이 반 토막쯤 나올 때부터 반항했던 기억이 떠올리 아들들을 다시 바라보았다.

아버지가 일찍 돌아가시면서 다른 친구들 다니는 유치원도 제대

로 다니지 못하고 할머니 치맛자락만 붙잡고 놀았었다. 호미 들고 콩 밭 매고, 낫 들고 꼴망 메고 들로 산으로 뛰어 다녔었다. 도회지로 나가서 정육식당을 하시는 엄마는 내가 어떻게 크는지 얼마나 컸는지 도통 관심조차 두지 않은 듯했었다. 엄마의 따뜻한 품에 안겨 본 지가 언제일까 싶을 정도였다. 이런 생각들이 가슴속에 사무치니 아이들을 혼내 킬 때면 먼저 안아주었다. 때리더라도 품에 안은 채 두들겨 팼다. 아이들이 울면 나도 울었다. 내가 울면 아이들도 울었다. 그렇게 한바탕 울고 나면 아이들이 엄마의 눈을 바라보았다. 나도 아이들의 눈을 바라보았다. 눈빛이 교차하는 순간 아이들은 엄마한테 잘못했다는 사인을 보냈었다. 그러면 나도 아이들한테 미안하다는 사인을 보냈었다. 그렇게 안아주면서 울면서 모난 성질을 조금씩 다듬었었다. 장군이 되고 대통령이 되라는 큰 꿈을 심어주려 하지는 않았었다. 아이들한테는 뭐니 뭐니 해도 엄마의 따뜻한 품으로 안아주는 것이 최고였다.

학교에 호출되어 나갔다가 선생님 면담을 하고 나오는 길에 내 아이들을 보고 다른 아이들을 번갈아 바라보았다. 내 아이들은 사고는 쳤지만 건강한 모습이었다. 그래서 그나마 다행이고 고맙다는 생각을 할 수밖에 없었다. 휠체어를 타고 있는 학생, 시각, 청각 장애를 가진 학생들이 내 앞을 지나갔기 때문이었다. 사고 친 아이들 덕분에 또 다른 세상을 알게 되었다. 내 형편이 허락한다면 이 학생들을 위해 내가 할 수 있는 일을 해봐야겠다고 마음먹고 그 즉시 수화를 배우러 다니기도 했었다.

아이들의 꿈이 세모일 때 내 꿈도 세모였다

사내아이 셋을 키우면서 힘들게 살다 보니 내 인생이 어디에 있는지 알 수 없었다. 나를 잊은 채 내 아이들의 꿈이 세모인지 네모인지만 궁금했었다. 아이들의 꿈이 세모이면 내 꿈도 세모였고, 아이들의 꿈이 네모이면 내 꿈도 네모가 되었다. 나는 아이들의 꿈을 키워주기 위해 내 인생도 내 꿈도 잠시 잊고 그렇게 살았었다. 힘들다 외쳐도 보고, 죽겠다고 난리도 쳤었지만, 아이들의 꿈은 절대 포기할 수 없었다. 왜냐면 아이들의 꿈이 내가 살아갈 수 있는 유일한 희망이었기 때문이었다.

엄마는 강하다. 여자가 아닌 엄마이기에 로봇보다 더 강한 사람이 되었다. 내 인생은 삼시세판(三時三判)에 던져졌다. 삼시세판 중에서 한 판만 이기면 되는 것이다. 세 아이 중 한 녀석이라도 성공하면 내 인생은 결국 성공한 것이 아니겠는가. 그런 생각으로 아이들의 꿈을 따라다니며 함께 뛰었다.

엄마의 꿈을 아이들에게 심은 것일까? 아니면 아이들의 꿈이 나에게 심어진 것일까? '너희들은 꼭 성공해야 한다'라고 하면서 나의 소망을 아이들에게 멍에를 씌운 것은 아닐까?

가끔씩 하늘 바라보며 오색 무지개꿈 동그라미로 그리곤 한다. 조슬빈의 아름다운 꿈은 역시 대중들에게 사랑받는 국민가수가 아닐까?

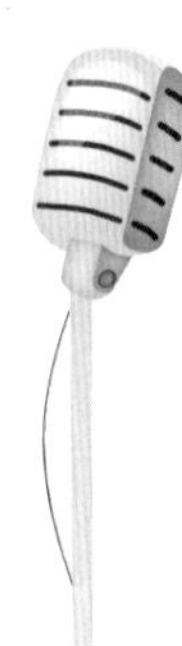

주인처럼 생각하고, 머슴처럼 일하다

무조건 먼저 배워야 한다

일머리가 있다는 것은 그만큼 열심히 배웠다는 것이고, 그 일에 관심과 열정을 쏟았다는 것이다. 김치를 잘 담고 싶으면 주방에 들어가 김치를 잘 담그는 주방장 옆에서 성심껏 배워야 한다. 그냥 배워지는 것이 아니다. 내가 주인이 되겠다는 생각이 있어야 한다. '내가 주인이면 어떻게 할 것인가? 앞으로 뭘 할까?' 나는 이런 생각을 자주 했었다. '앞으로 세상이 어떻게 바뀔까?'라는 생각들이 쌓이다 보니 식당일을 해도, 금성사 대리점을 해도, 핸드폰 대리점을 해도 걱정이 없었다. 소비자들의 마음이 왔다 갔다 하면서 트렌드가 확 바뀌면 바뀌는 대로, 앞서서 생각해둔 대로 바뀌니 우왕좌왕 당황할 일이 없었다.

그냥 사장님이 주는 월급만 받는 종업원으로 살아왔다면 아직도 종업원에 머물러 있었을 것이다. 주인의 마음으로 일하다 보니 어느새 나만의 생각이 주인이 되어 있었다. 그런 생각으로 손님들을 맞이하니 손님들이 좋아하고 그 집 매상도 날로 늘었다. 늘어나는 단골은 날마다 나에게는 기쁨이요 주인에게는 축복이고 손님에게는 행복이었다. 일을 주인처럼 하다 보니 손님이 인정해주었다. 그럴 때면 감동도 밀려왔다.

맨 처음 식당일을 했던 그 칼국수 집에서 '만두피만 싸라'는 사장언니 말만 듣고 만두피만 싸고 있었다면 나는 아직도 '만순이'로 살고 있을지도 모를 일이다. 어찌해서든 한가지라도 더 배워서 어엿한 내 가게를 열어야겠다고 마음을 굳게 먹고, 들어오지 말라는 주방을 드나들었다. 눈치가 보이지 않도록, 구설수에 오르지 않기 위해서 나는 주방을 들어갈 때면 항상 냄비 등을 깨끗하게 설거지를 하고, 주방도 완전 깔끔하게 청소했었다. 그러면서 유명한 셰프가 되기 위한 연습을 수없이 반복했었다.

만두를 다른 사람들 입맛에 맞게 맛있게 만들 수 있는 수준이 되자 나는 바로 개업을 했었다. 주방을 열심히 드나들며 배우고 익히는 나의 모습을 눈여겨본 그 식당 주방장님이 가게 차릴 돈을 대주면서 동업을 시작했다. 주인이 되겠다는 마음이 있어야 주인이 될 수 있다는 것은 불변의 진리다.

손님들의 빛나는 눈은 언제나 정확한 화살이다

사람들은 모두 인정받고 싶고 칭찬받고 싶고 대접받고 싶어 한다. 아무리 사소한 것일지라도 자기를 인정해주고 관심 가져주는

사람이 어찌 고맙지 않겠는가. 손님들은 모른 척 하지만 주인의 마음이나 종업원의 태도를 한순간도 놓치지 않고 관찰을 한다. 그러면서 다른 집과 열심히 비교 평가를 한다. 나에게 조금이라도 소홀히 하면 금방이라도 그 옆집으로 달려갈 자세를 취하는 것이다. 이런 손님은 의외로 단골손님으로 만들기 쉽다. 왜냐면 그 손님이 원하는 것을 해주면 되는 것이다. 아주 단순한 것이다. '나를 좀 알아줘' 하는 마음이기에 그들에게 아는 체를 해주면 성공이다. 종업원의 마음으로는 그렇게 되질 않는다. 종업원은 그 손님이 오든 말든 나는 내 고정 월급을 받아가면 된다고 생각한다. 다는 아니지만 대부분 그렇다. 그러면서 다른 직원들의 월급과 비교해서 많네 적네 따지다가 다른 곳으로 이직한다. 이직한 그곳에서도 나쁜 버릇을 버리지 못해 월급 타령하다 결국 쫓겨난다. 월급만 받겠다는 종업원의 마인드에 갇혀 있으면 결국 주인의 자리에는 평생 올라와 보지 못하게 되는 것이다.

개중에는 주는 월급이 넘친다고 더 열심히 하는 사람이 있다. 그런데 그런 종업원은 주인의 눈에 쏙 들어오기에 월급 이외의 보너스를 추가로 받을 수도 있다. 생각이 커지면 보는 눈도 넓어지고 일하는 자세도 달라진다. 내 사업이 잘되어간다고 생각하면 이 얼마나 즐거운 일인가. 머슴이나 종업원의 자세가 아닌 사장이나 주인의 자세를 갖는 것이 자기 인생을 주인으로 사는 지름길이다.

그래서 나는 성공하기 위해서 종업원이 아닌 주인의 마음으로 일을 했었다. 언제까지나 종업원으로만은 살 수 없었기 때문이다. 다른 직원들은 열 시가 되면 모두 퇴근하였는데도 나는 열두 시가 넘어야 퇴근했었다. 다른 사람을 위해서 내일 해야 할 일들을 모두 다

정리하고 사장 언니와 함께 퇴근했었다. 아침 일찍 출근하는 종업원은 기분 좋게 일을 시작할 수 있었을 것이다. 왜냐면, 출근하자마자 설거지부터 하면 마음이 좋을 리 없기에 내가 미리 깔끔하게 정리해놓고 퇴근했었으니까.

나는 그렇게 다른 사람을 위해 예쁜 복이라는 밑밥을 미리 깔아두고 살아왔다. 주인이 아니면서 주인 행세를 할 수 있는 것도, 복을 부르는 것도, 모두 자기 하기 나름인 것이다.

눈물 젖은 빵을 맛본 자가 아니면 인생의 참된 맛을 모르듯이 모든 어려움을 극복하고 나니 나에게도 찬란한 햇살이 눈부시게 행운을 안겨다 준다. 무대에 설 때마다 지상에서 가장 행복한 슬빈가수로, 팬들을 위하여 최선을 다하는 가수로 거듭날 것이라 다짐을 해 본다.

나를 살리는 보석같은 아이들…

나는 세 아이의 엄마다. 스무 살 때 첫애를 낳기 시작해서 스물다섯 살에 셋째 아이를 낳았었다. 운동선수 생활을 해 온 탓인지 젊은 나이에 아이들을 출산해서 그런지 아이들은 모두 건강하게 잘 자랐다. 없는 살림에 이것도 복이라면 복일 것이다. 얼떨결에 신랑이랑 합방하게 된 것이 첫애를 가지게 되었지만, 이 아이가 아니었으면 안양 성당에서의 납치사건이 발생했을 때 나는 살아남지 못했을 것이다. 나는 내 아이를 살리기 위해 달리는 자동차의 문을 열고 죽기 살기로 뛰어내렸었다. 한 번도 아니고 두 번씩이나 뛰어내리도록 용기를 준 녀석이 바로 첫째 아이, 복덩이 중 복덩이였다.

첫째 아이가 중학교 다니던 시절에 나는 '양호명예교사'로 봉사활동을 했었다. 내 아이가 매년 모범상을 수상해오니 학교생활을 어떻게 하는지 궁금했었다. 여러 가지로 감사의 마음을 표시하기 위해 헌신과 봉사를 아끼지 않았었다. 이러한 활동 덕분에 와동중학

감 사 장

성명 조미자

귀하는 2002년 와동중학교 양호명예교사로 활동하시며 사랑으로 학생들에게 봉사하시고 헌신해주신 공로에 깊이 감사드립니다.

전교직원의 고마운 마음을 이 감사장에 담아 드립니다.

2003년 3월 6일

와동중학교장 김 인 숙

교에서 감사장을 받기도 했었다. 아들 덕분에 이렇게 고마운 감사장을 받아 보다니…

첫째 아이를 키우면서 나도 모르게 내가 하고 싶었던 꿈을 아이에게 주입시켰는지도 모르겠다. 나는 노래를 부르고 싶은 꿈이 가슴깊이 사무치게 자리잡고 있었기에 첫째 아이에게 음악 공부를 더 많이 시켰다. 어려서부터 피아노를 가르쳤고 콩쿠르 대회에 나가면 1등은 다반사로 차지하였다. 그러나 아이가 '음악에는 소질이 없는 것 같다'라고 하면서 예능의 끼가 없다는 신호를 보내왔다. 하기 싫다면 굳이 강요할 생각이 없었다. 단지 내가 가수가 되는 꿈을 이 아이를 통해 대리만족을 얻으려 하지는 않았나 하는 생각이 들었다. '무엇을 하고 싶은데?' 하고 물으니 운동하고 싶다고 했었다. 굳이 반대할 이유가 없었다. 아들의 의견을 존중해주고 싶었다. 그래서 체육학과를 지원하는 데 적극 찬성표를 던졌다. 입학하면서부터 보디빌더 대회는 있는 대로 다 참가했었다. 나름 한 몸짱 하는 녀석이라 대회에 참가하면 꼭 상을 받아왔다. 그러는 사이 나는 서서히 골병이 들어갔다. 대회가 있는 날이면, 그 대회가 끝날 때까지 나는 매니저로서 따라다녀야 했었다. 아이가 먹는 음식을 선정하고 그 식단에 맞는 각각의 종류별로 그램 수까지 재어서 준비를 해야 했었다.

나 역시도 일을 다녀야 해서 꼭두새벽에 음식을 마련해두고 출근하고 늦은 밤에 퇴근하고 돌아와서 다시 음식 준비하고, 이렇게 계속하다 보니 도통 잠을 잘 수가 없었다. 갈수록 부족해지는 잠을 어떻게 보충했는지 지금 생각해봐도 참 아찔하고 대견하기까지 하다.

그런 아들이 안산 대회에서 포즈상 1위를 차지할 만큼 얼굴과 몸

매가 거의 완벽에 가까웠다. 대학 졸업 후 워커힐 호텔에 취업을 하기도 했다. 지금은 헬스장 네 곳에서 애들을 가르치는데 최선을 다하는 모습이 자랑스럽다. 그러면서 엄마도 운동에 의미부여를 심어주니 효자중의 효자로다.

둘째는 첫애를 낳고서 산후조리할 시간도 없이 곧바로 들어섰다. 둘째도 운동을 아주 좋아했다. 특히 축구를 잘해서 초등학교 때부터 안산이 아닌 부평에 있는 학교로 스카우트 당했다. 한동안 안산과 부평을 왔다 갔다 하며 둘째를 데리고 다녔는데 도무지 시간도 안 되고 형편도 안 되어서 포기하려니 그 학교 선생님이 자기 집으로 데려갔었다. 그 중학교는 축구 명문이었다. 전국대회 우승을 놓치지 않았었는데 둘째가 주장을 했었다. 전지훈련 합숙 훈련이 있을 때면 무조건 따라다녀야 했다. 그래도 우승을 하고 보니 기분이 뿌듯했다. 고등학교에서도 계속 축구를 했었다. 그런데 2학년 때 갑자기 브라질로 유학을 보내 달라고 했다. 국내에 있는 운동장이 맨땅이어서 연습하기가 만만치 않다는 것이었다. 브라질에 가서 기초도 더 쌓고 기술도 더 배우고 싶다고 했다. 그러나 학교의 절대적인 반대에 부딪쳐서 브라질 유학은 포기했었다. 그러는 사이에 아들도 축구에 대한 열의가 식어갔다. 그렇다면 굳이 축구를 계속할 필요가 있을까 싶어 아들을 설득시켰다. '축구를 하다 다치기라도 하면 평생 어떻게 살 것이냐, 축구를 한다고 미래가 안전하게 보장되는 것도 아니지 않느냐' 하면서 새로운 길을 찾아보자고 계속 설득을 시켰지만 고집을 꺾기가 만만치 않았다. 결국 둘째는 엄마의 설득에 항복했었다. 그래서 그때부터 있는 과외 없는 과외를 몽땅 시켰었다. 공부 머리가 조금은 있었던지 다행히도 대학에 진학할

수 있었다. 식당일을 하고 있던 나의 욕심이 아들에게 전해졌을까 둘째는 조리학과 전공을 잘 살렸던 것 같다. 그때도 나는 집에는 들어오지 않아도 되니 방과 후에도 선생님 곁에서 이것저것 묻고 연습하고 오라고 했었다. 그런 엄마의 뜻을 받들어 열심히 노력하더니만 쉽사리 명품 신라호텔에 취직했었다. 교육생으로 있는 3개월 동안 둘째는 세상을 보는 눈이 바뀌었다. '10년이 지나도 밥은 먹을 수 있겠는데 큰돈은 벌 수 없겠다'라고 하면서 자기만의 사업을 꿈꾸었다.

그때부터 엄마의 고민은 많아졌고 이 녀석에게 옷가게, 식당 등에서 아르바이트부터 시켜보았다. 둘째는 식당보다는 옷가게를 차려주면 잘할 것 같아서, '아르바이트 1년 동안 잘하면 가게를 오픈시켜주겠다'라고 약조를 했었다. 자신만의 가게를 갖고 싶은 욕망이 끓어오르니 옷가게 영업을 정성 들여 열심히 했었다. 1년이 다 되어갈 무렵 둘째는 부동산중개소에 옷가게 할 만한 곳을 알려달라고 의뢰를 하고 있었다. 한발 앞서 나가는 녀석이었다. 그래서 1년이 지나자 약조한 대로 옷가게를 차려주었는데, 사업수완이 좋은지 7년째 성업 중이다.

그때 축구를 같이 했던 친구들도 지금은 어엿한 직장인이었다. 축구선수로 활동하면서 밥 먹고 사는 친구들은 별로 없었다. 그들끼리 먹고사는 문제나 연봉 이야기를 하다 보니 본인의 생활이 한결 여유가 있었는지 위안을 삼으며 어깨 힘주고 말한다.

'엄마, 그때 엄마 말 듣고 빨리 진로를 바꾸길 잘했어요. 친구들 연봉을 보니 다들 나보다 훨씬 덜해요'라고 한다. '이제 엄마 옷은

네 녀석이 책임져 주면 안 되겠니? 든든하고 멋져보인다 우리 아들' 하고 등을 두드려 주었다.

셋째는 둘째와 4년 터울이다. 세 아이 중에서 공부 머리가 제일 좋았다. 그래서 공부하는 쪽으로 기대가 제법 컸었다. 항상 학교에서 1~2등을 하고 우등생, 모범 장학생으로 자리매김하고 있을 무렵, 그런 셋째는 어느 날 큰 교통사고를 당했다. 자동차 앞 본넷트에 치어 5미터 남짓 날아갔으나 죽지 않고 살아 있음에 감사할 따름이었다. 그 사고 후유증으로 공부를 제대로 하지 못했다. 못한 게 아니고 죽어라 공부를 해도 머릿속에 들어오지 않는다고 했었다. 처음에 나타나지 않았던 후유증의 피해가 제법 크게 다가왔다. 기대가 컸던 아들이 이렇게 되니 실망도 컸었다.

다만 감사한 것은 살아 있다는 것이었다. 그런 아들이 대학진학도 하지 않겠다고 하니 가슴이 무너지고 억장이 무너졌다. 고등학교를 졸업하고 곧바로 군엘 갔었다. 제대하면 차도가 있으려나 하는 기대도 했지만, 나의 기대와는 전혀 딴판이었다. 그래서 자동차 수리 센터, 옷가게 등에서 아르바이트를 시켜보았다. 모두 제 적성에 맞지 않는 듯 싫다고 해서 가슴이 많이 아팠다.

그러면서 전혀 다른 길을 찾아 나섰다. 어느 날 소방 관련 자격증을 땄다고 하면서 소방 관련 일을 해야겠다고 선언했다. 천성이 부지런하고 성실했던 아이라 다른 사람들이 소방 관련 일거리를 많이 가져다주는 모양이다. 이제는 어엿한 사장이 되겠노라 큰소리를 치고 있으니 효자 아들 셋 모두 고맙고 감사한 마음뿐이다.

자식 교육은 이론이 아닌 솔선수범이 정답이다

학창시절에 셋이 모여 있으면 이 동네 건달들도 감히 건드리지 못하고 피해갈 정도로 형제간에 우애가 남달랐다. 이런 모습을 보고 있으면, 배 아파 낳은 것도 있으려니와 힘들고 지쳤을 때, 죽어야겠다고 방황할 때, 홧병 사리가 목구멍으로 쏟아져 나올 때도 내 아이들만은 건강하게 모나지 않게 외톨이가 되지 않게 키워야겠다고 다짐을 했었는데, 그때 내팽개치고 도망가지 않았던 보상을 이제야 받는 것 같다. 더 좋은 일이 있기를 기대하면서 더 오래 살아야겠다고 다짐해본다.

자식 교육은 이론이 아닌 행동이었다. 생각이 아닌 실천이었다. 세상에서 가장 무서운 것은 자식의 눈이었다. 그 자식들은 부모의 등만 바라보고 자란다. 그래서 나는 과감하게 말하고 싶다. '솔선수범'이 자식 교육의 왕도라고…

아들들아, 앞으로도 건강하고 멋진 인생, 자신이 맡은 일에 충실히 하면서 후회 없는 인생 여정 행복하게 조각하기를 빌고 빌어본다.

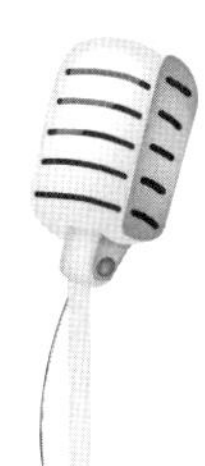

내 돈 떼먹고 도망간 나쁜 아줌마들

아이는 신이 내려주신 선물

나는 남편으로부터 꼬박꼬박 생활비를 받아본 적이 없다. 그래서 남편이 월급봉투 가져다주면 그 돈으로 생활하는 동네 아줌마를 부러워 한 적이 많았다. 어느 날 한동네에 살고 있던 언니가 '남편 월급 타면 갚아 줄게 돈 좀 빌려주세요'라고 해서 '무슨 일인데요?'라고 물으니 여행을 가는데 좀 보태야 한다고 했다. 그래서 군말 않고 한 달 남짓한 생활비를 몽땅 빌려주었다. 그런데 한 달이 지나고 두 달이 지나도 갚을 생각을 하지 않았다. 왜 안 갚지 하면서 마음이 불안했지만 기다린 김에 조금만 더 기다려 보자 하는데 다음날부터 그 여자가 보이지 않았고 가슴이 타들어갔다.

그녀는 두 아들이 있었다. 간질병을 가진 큰 애와 세 살짜리 둘째 애가 있었다. 애들을 건강하게 잘 키우리라는 믿음이 있어서 그 애

들을 보고 선뜻 빌려주었다. 그런데 이게 뭔 일인지 모르겠다. 그 여자는 어린아이들을 내팽개치고 다른 사내와 눈이 맞아서 대부도 쪽으로 도망갔다는 소식을 전해 들었었다. 빌려준 돈이 아까운 것도 사실이지만 정말 이해할 수 없는 것은 어떻게 저 두 아이를 내팽개치고 떠나갈 수 있느냐는 것이었다. 그것도 바람이 나서 말이다. 그 여자의 심성이 그렇게 악질이었나 싶었다. 훗날 그 여자가 살고 있던 곳을 알게 되었다. 꽃게 장사를 하고 있었다. 그래서 남편은 '꽃게라도 받아 올까?' 하고 물었으나, '갚을 생각을 했으면 진작에 갚았겠지요. 그럴 만한 사정이 있겠지요.'라고 하면서 그냥 기다리자고 했다. '찾아와서 주면 받고 가서는 받아오지 말자'라고 했다.

진실은 하나 거짓은 수만 가지

나는 아이들을 보면 삶의 의욕이 생겼다. 그래서 다른 아줌마들도 다 그러는 줄 알고 살았다. 바로 앞집에 살고 있던 애 엄마는 남편이 집을 짓는 노가다 현장 일꾼이었다. 그런데 담장을 쌓다 넘어져 허리를 많이 다치셨다. 그래서 돈 나올 데라고는 아무 곳에도 없었다. 그 여자는 성당을 다니고 있어서 그런지 얼굴에는 착하게 산다는 표시가 확연했다. 나도 참 편하게 대해주었다. 그런 어느 날 선지해장국을 끓여서 우리 집으로 가져왔다. 내가 선지해장국을 즐겨 먹는 것을 어찌 알았을까? 맛있게 먹고 나니 그 애 엄마가 마음속 이야기를 했다. 애들 먹일 우윳값이 떨어져서 그런다며 돈 이야기를 꺼냈다. 꼭 쓸 데가 있어서 그러는 데 돈 좀 빌려달라고 했다. 나는 '애들은 어려서부터 잘 먹여야 커서도 병치레를 안 한다'고 생각해서 원하는 만큼 빌려주었다. 그리고 덧붙이기를 '여기서 일정 금액은 떼어서 꼭 애들 먹이는 데 쓰세요. 애들 건강하게 잘 키우세요'라고 했다. 그때 당시 어지간한 사람 1년 연봉이 넘는 돈을 아무 조건 없이 그냥 빌려주었다. 나는 그 여자의 애들을 보고 빌려준 것이었다. 힘들게 살면서 애들을 굶기고 있으니 마음이 너무 아파서 그렇게 큰돈을 좋은 마음으로 그냥 빌려주었다. 언제까지 갚아달라는 말을 하지 않고 주었으니 갚아야 할 날이 정해진 것은 없었다. '애들은 잘 키우고 있겠거니' 하고 내 일만 열심히 하고 다녔었다.

그런데 그 여자가 갑자기 다시 찾아왔다. 그러면서 자기가 끼고 있던 반지를 꺼내었었다. 사연이 깃든 반지일 게 뻔한데 나보고 끼어 보라고 했다. 무슨 영문인지 알 수 없었지만, 그 여자 말대로 끼어 보았다. 손가락 사이즈가 딱 맞았다. 그때 그 여자는 안도의 한숨을 쉬면서 내게 이렇게 말했다. '언니, 전에 빌려주신 돈 갚아드려야 하는데 도무지 갚을 길이 보이지 않네요. 그래서 우선은 이 반지를 언니에게 맡길게요. 나중에 돈 벌면 다시 찾아와서 제 반지와 바꾸어 갈게요.' 이렇게 말을 하더니만 그냥 도망치듯 떠나갔다. 나도 눈물이 났다. 돈이 원수지 하면서 그 고운 마음씨가 상처나 받지 않았으면 좋겠다는 생각을 했다.

빌려줄 때도 좋은 마음이었으니 그 여자의 아름다운 마음과 통쳤다고 생각했다. 그 여자가 잘되기를 빌어주는 선한 마음이 오랫동안 변하지 않기를 스스로 다짐을 하고 지냈다. 눈살 찌푸리도록 시어 빠진 묵은김치에 내 인생을 얼마나 더 익혀야 제맛이 날까? 그 여자들은 성발 내 돈을 떼어먹은 것일까?

그래도 빚을 갚을려고 애를 쓰는 그 마음이 더욱더 아름다웠노라고...

당신은 나의 비자금

허리통증이 너무나 심해서 동네에 있는 참숯가마를 찾았다. 참숯이 구워지는 동안 그 불빛에 허리를 맡기고 앉았다가 너무 뜨거우면 등을 돌리고 앉았다 섰다를 반복했다. 때로는 골방 같은 곳에 누워서 허리를 지지기도 했다. 서너 명의 아주머니 부대가 그 방으로 들어와서 쉴새 없이 잡담을 나누었다. '이번에 우리집 양반이 명퇴하게 생겼는데 글쎄 나보고 비자금은 얼마나 준비해두었느냐고 묻지 뭐야'. '그래? 자기는 신랑이 벌어다 준 돈으로 여기저기 투자도 많이 해두었잖아'. '그렇다고 곧이곧대로 말하면 퇴직하고 나서 곧바로 사업하겠다고 그 돈 내놓으라 할 것 같아서 적당히 둘러댔지 뭐야'. '그때 투자한 땅은 누구 이름으로 했지?'. '누군 누구야 모두 내 명의로 해두었지'. '그럼 자기 남편 명의로 된 재산은 아무것도 없는 거네, 자기 남편은 거지네' 하면서 큰 소리로 웃어댔다.

남편이 가져다주는 월급으로 생활하고 알뜰살뜰 절약하고, 그 돈의 일부라도 저축을 해서 남편이 정년퇴직하면 그 자금으로 알콩달콩 살아야지 하는 생각이었을 텐데, 갑자기 남편들이 조기퇴직을 한다고 하니 이 수다쟁이 아주머니들의 비명 같은 소리가 숯가마를 훨훨 태우고 있는 것이었다. 나에게는 꿈같은 소리였다.

'모아 둔 비자금이 없다고 하니 남편이 뭐라고 하던가?'. '내가 평생 벌어다 준 돈이 상당할 터인데 왜 한 푼도 없다는 거야?'라고 따지길래, '지금까지 묵고 쓰고 잘 살았지 뭐예요. 얼마나 많이 벌어다 주었다고 따지고 그래요, 쥐꼬리만 한 월급 갖다 준 걸 모르는가봐...'라고 말했지. '그랬더니 크게 실망하는 눈치더라고'. '자기는 이번에 주식투자로 번 돈은 어디에 꼬불쳐두었는데?'. '그야 그 돈은 당연히 내 비자금 통장으로 들어갔지'. '자기는 우리 중에서 제일 난 사람이여. 우리 중에서 누가 자기 명의로 된 비자금 통장을 굴리고 있는가 말이여?'. 나는 내 남편이 물어보면 뭐라 대답을 해야 하는지 갑자기 고민이 되는 구만'. '고민할 게 뭐 있겠는가. 당신이 내 비자금이잖아요. 그래서 나는 비자금이 한 푼도 없어요. 오직 당신만이 내 비자금이에요. 나는 당신만 있으면 되유 라고 말해봐' 하면서 또 다시 한바탕 깔깔깔 웃는다.

내 남편도 내가 더 늙어지면 나의 비자금 역할을 톡톡히 해줄 수 있을까 하는 생각이 들었다. 나 몰래 차곡차곡 잘 쌓아두었을 거라는 믿음이 비자금 지갑처럼 부풀어 오르고 있다. '당신은 내 사랑, 내 사랑 지갑'을 오늘도 속주머니에 잘 있는지 더듬어 보고 있다.

당신은 나의 비자금

작사 : 송란교
작곡 : 송결
노래 : 조슬빈

누가 볼까 허리춤에 둘둘 말아 묶어 놓고
누가 볼까 내 맘속에 겹겹 말아 포개놓네
비밀번호 알려지면 비자금이 바람난다
태산 같은 바윗돌에 꽁꽁 묶어 묻어뒀네
현금봉투 필요없소 신용카드 필요없소
필요하면 그때 그때 꺼내 쓸 수 있잖아요
보고프면 즉시즉시 꺼내 볼 수 있잖아요
아~아~
당신은 내 사랑 당신은 나의 비자금
당신은 내 사랑 당신은 나의 사랑지갑

당신은 나의 비자금

송란교 작사
송결 작곡
조슬빈 노래

05.

조슬빈, 가요계의 샛별로 등극하다

노래는 내 인생의 행복아이콘

지치면 지고 미치면 이긴다

지하철을 타고 가면서 한 역을 지날 때마다 부르고 싶은 노래 가사를 외웠다. 흔들거리면 춤사위려니 하면서 몸을 맡겼다. 손님에게 밥 한 상 차려 내는 동안에도 맘에 드는 노래 한 소절을 반복해서 흥얼거렸다. 건널목 앞에 서 있는 신호등이 깜박거릴 때도 기다림을 즐기려 춤사위를 생각했다. 운동으로 다져진 몸이라 몸치는 아니었다. '지루하게 기다리면 뭣해 이렇게라도 해보는 거지' 하면서 '나는 꿈을 이루었다'는 상상을 했었다.

어느 지역을 재개발, 재건축하고자 할 때는 필요한 면적을 모두 사들여야 한다. 해당 지역의 땅 주인들은 가격을 더 받으려 눈치를 보기 일쑤다. 사업을 진행하는 쪽에서 대부분의 땅을 모두 사들였기에 공사를 진행하려 한다. 그런데 그 공사할 지역의 한 가운데 있

는 땅 주인은 정상적인 가격으로는 절대 팔려고 하지 않는다. 다른 땅 주인들보다 더 많은 이득을 보기 위해 팔지 않고 버티는 경우가 있다. 흔히 이런 것을 알박기라 한다. 이것저것 하고 싶은 것이 많았지만, 유독 가수가 꼭 되고 싶어서 '내 마음속에 노래를 알박기' 해두었었다.

꿈이 하루 하루 쌓이니, 내 노래가 되었다

'내 꿈을 이루는 것이 아이들이 바라는 꿈을 이루는 것'이려니 하며 노래 연습은 물론 노랫말도 쉼 없이 웅얼웅얼하면서 외웠다. 당구를 처음 배울 때는 밥상머리에 앉아 있으면 '밥상은 당구대, 젓가락은 당구 큐대, 밥알은 당구공'이라 생각한다고 한다. 그러면서 '이렇게 치면 이리 가고 저렇게 치면 저리 갈까?' 하면서 머릿속으로 온통 당구공 굴러가는 모습을 상상한다고 하더니만 내가 꼭 그 꼴이다. 일상이 모두 노래로 보였다. 아니 노래여야 한다고 굳게 믿었었다.

토끼가 지나는 곳에 그물을 치고 기다려야 토끼가 걸려들 것이고, 물고기가 노니는 곳에 낚싯대를 내려야 물고기가 집힐 것이고, 노래하는 사람이 모이는 곳으로 들어가야 노래하는 가수가 될 수 있을 것이다. 꽃도 향기가 있어야 벌들이 달려들고 나비도 춤추며 따라온다. 꽃을 피워 그 향기를 천리만리 퍼뜨리면 벌 나비들이 찾아오지 않을 수야 없겠지요.

낭중지추(囊中之錐)라고, 지갑 속에 돈이 넉넉히 들어 있으면 마구 쓰고 싶고, 주식계좌에 현금이 남아 있으면 무조건 주식을 사고 싶고, 손재주가 있으면 무엇이든 스스로 만들어서 쓰려 하고, 말재주가 많으면 타인의 삶에 무조건 끼어들려고 한다. 노래하는 재주가 있으면 어디에서나 노래를 부르려 한다. 나에게는 노래하는 '끼'가 있었다. 그래서 어린 시절부터 풍금을 치고 장기자랑 노래자랑을 도맡아 했었다. 노래는 내 인생의 행복 아이콘이다.

나에게 노래하는 끼가 있어서 얼마나 다행인가. 노래를 잘 부르는 '끼'라기보다는 노래 그 자체를 좋아하고 즐기는 것이다. 그래서 가사도 외우고 노랫말도 이해하게 되었다. 노랫말을 흥얼거리며 따라 하다 보니 다른 사람들이 어려워하는 노래도 제법 잘 부르게 되고, 그러다 보니 노래하는 곳이면 어디나 기웃거리게 되었다. 가요제 등의 공고가 나면 어느 지역이든 상관하지 않고 그 대회에 참가하려는 욕심이 발동했다. 참가 신청을 하고 나면 노래 연습을 안 할 수가 없게 된다. 나는 노래 부르는 연습을 하기 위해서라도 대회가 있으면 무조건 참가 신청을 했던 유일한 이유이다.

안산시 노래자랑 수상 사진

식당일을 하면서도, 전자제품 대리점 매장을 관리하면서도, 아이를 등에 업고 집 안 청소를 하면서도 '노래자랑 하는 곳이 어디인가?' '가요제 하는 곳이 어디인가?' 항상 관심을 두고 챙겨보고 있었다. 가수가 꿈인 사람들의 일상적인 모습일 것

이다. 어느 누가 내 맘을 알아서 그런 기회를 찾아주고 가져다주겠는가? 스스로 발품 팔며 찾아다녀야 한다. '배고프면 직접 밥을 짓고 목이 타면 직접 우물을 파야 할 것' 아닌가?

꿈은 언제나 내 마음 속에 차고 넘치도록 담아 놓으리라

꿈을 마음속에 담아 놓아야 한다. 돈에 여유가 없고 마음에 여유가 없더라도 입으로는 달고 다녀야 한다. 꿈이란 것은 관심을 버리면 아침 햇살에 안개가 사라지듯 흔적도 없이 떠나버린다. 떠난 뒤에 찾으려 하면 어쩌란 말인가. 외양간의 송아지가 저만치 걸어가고 있으면 빨리 뛰어가서 붙잡아야 하지 않을까?

꿈속에서는 뭐든지 할 수 있다. 돈벼락을 맞는 것도, 각종 가요제에서 우승하는 것도, 자식이 크게 성공하는 것도, 꿈속에서는 얼마든지 자유이며 상상 속에서도 자유의 면류관이다.

힘든 시기에도 그때그때 연습하고 불렀던 노래 덕분에 나의 시름을, 나의 걱정을, 나의 서러움을 가슴속에 쌓지 않을 수 있었다. 나는 그 꿈을 조사하게 가꾸었다. 내 꿈을 인정하고 내 꿈을 아꼈다. 바람 불면 바람에 실어 보내고, 새가 울면 새와 함께 울부짖고, 비가 내리면 빗물에 마음을 씻었다. 여하튼 나는 절대 꿈은 버리지 않았을 자신이 있었다.

노래를 부르다 밥그릇 몇 개 깨 먹고, 노래를 부르다 탕국 몇 그릇 태워 먹었지만 노래 만큼은 포기하지 않았었다. 때로는 고객이 하는 소리보다 노랫소리가 더 크게 들리기도 했었다.

신문은 물론 방송화면에 차오르는 조슬빈이 되자

친정엄마는 노래를 지독히도 사랑했었다. 노래도 아주 잘 불렀다. 동네 콩쿠르 대회에 나가면 언제나 대상을 받아오셨다. 카세트 테이프를 어디서 그렇게 사 오시는지 몰라도 항상 최신곡 테이프를 틀고 계셨다. 친정엄마는 노래하는 머리가 따로 있었다. 고기를 썰면서도 그 테이프를 듣고 노래 가사를 외웠다. 나도 친정엄마를 닮아서 그런지 노랫말 외우기는 선수였었다. 초등학교 시절에 국어책에 실려 있는 시를 외우라 하면 그렇게도 외워지지 않았는데, 노랫말은 어찌 저리도 잘 외우는지 참 신기했다. 그렇게 수백 곡의 노래를 듣고 부르고 외우기를 반복하니 노래하는 여신이 되어가는 것은 어쩌면 당연한 것 아니겠는가.

원숭이도 나무에서 떨어질 날 있다고 하더니만 친정엄마는 전국노래자랑에 당당하게 참가했으나 가사 하나 틀렸다고 '땡' 당했다. 사람들은 자신이 가장 잘하는 것으로 인해 명을 재촉한다고 하더니만 그렇게 잘 외우던 노랫말 한 자에 친정엄마의 운명이 이렇게 확 바뀔 줄이야 누가 알았을까. 그 이후로도 열심히 노래를 부르셨지만 더 이상 전국노래자랑에는 참가 신청을 하지 않으셨다. 가수가 되어보겠다는 친정엄마의 절규하는 한이 나에게 고스란히 옮겨왔다. 지금 내가 하는 행동들이 그 옛날 친정엄마가 했던 것을 그대로 따라 하는 것을 볼 때면 소름이 끼칠 정도다. 친정엄마의 한을 꼭 풀어드리기 위해서 오늘도 쉬지 않고 외우고 부르고 뛰고 있다.

뒤돌아보면 참말로 아프다

여자 팔자 뒤웅박 팔자?

'아무리 기다려도 대답 없고, 아무리 날뛰어도 변화가 없고 아무리 날아도 끝이 보이지 않는다. 내가 택할 것은 딱 하나, 내가 죽어서 이번 생을 마감하는 것이다. 그리고 남자로 다시 태어나면 될 것이다' 이런 생각이 파도를 타고 밀려온다. 꼬챙이 끝이 송곳처럼 날카롭게 깎여진 고드름으로 가슴을 쿡쿡 찔러 댄다. 세상 매를 온몸으로 맞으면서 성한 이가 다 빠지도록 이를 악물었다. 이젠 이가 시려서 병원 갈 일도 없다. 봄이 오면 그 두꺼운 얼음도 녹아내리던데 내 인생도 볕들 날이 오려나 기다려 본다. 풀리지 않는 문제 없고 열리지 않는 자물쇠 없지 않겠는가. 그래도 나는 화려한 꽃밭에서 춤을 추는 무희의 멋진 인생을 꿈꾼다.

평범한 일을 비범한 것처럼 해내고, 비범한 일은 평범한 것처럼 해낸다. 아주 특별한 일은 아주 단순한 것처럼 하고, 단순 반복하는 일은 아주 특별한 것처럼 한다. 그런 기술은 어디서 배웠을꼬? 맛을 내는 비결도 단순하다. 귀한 손님이 오면 단순하게 준비하고 단골손님이 오면 특별하게 준비하면 된다. 단순함이 쌓이면 특별한 것이 되고 특별한 것이 쌓이면 단순한 것이 된다. 아픔이 쌓이면 그리움이 되고 그리움이 쌓이면 서러움이 되고 서러움이 쌓이면 그것이 인생이 된다. 노래가 된다. 나는 무슨 일이든지 잘 할 수 있어. 아자! 그래도 괜찮아!

구름을 거울삼고, 이슬로 머리 감고, 아침 햇살로 화장을 한다.

노란 색깔의 좁쌀 같은 결석이 내 목구멍을 통해 밖으로 끌려 나왔을 때, '내가 왜 이렇게 살아야 하지' 하면서 분노가 치솟았다. 토사광란(吐瀉狂亂)으로 한바탕 전쟁을 치르고 나서도 내일 새벽 출근을 위해 몇 알의 진통제를 삼키고 잠을 청했었다. 어두운 밤, 깜깜한 밤, 온몸을 떨며 냉골방에 홑이불 덮어쓰고 새우잠을 자면서도 이를 악물었다. 등골이 차가우면 배로 눕고 배가 차가우면 등으로 누웠다. 이럴 때는 정말 집을 확 불 지르고 싶었다. 고깃집 식당에서 손님들을 위해 자꾸 허리를 구부리면서 고기를 구워주다 보니 허리 디스크가 찾아왔다. 허리가 아프다. 누구한테도 허리가 아프다고 말을 할 수 없었다. 토사광란은 밖으로 표시가 나니 다른 사람들이 내가 아픈 것을 금방 알아차리지만, 허리디스크는 내가 말하지 않으면 아무도 알 수가 없었다. 아프다고 그 식당에 안 나가면 그날부로 짤리고, 아프다고 말해도 그냥 짤린다. 그러니 아프다는

말도 못 한 채 꾹 참고 일을 해야 했다. 그러다 보니 극심한 스트레스성 홧병이 생긴 것이다. 일종의 크론병이 생겼었다.

허리가 아프니 자꾸 고운 얼굴에 찡그림이 찾아왔다. 가라 해도 가지 않고 내 얼굴에 엉겨 붙어 지내려 했다. 그래서 나는 마법을 걸었다. '거울아 거울아 슬빈이는 백설공주보다 더 아름답지?' 하면서 주문을 걸었다. 그랬더니 효과는 금방 나타났다. 그 말을 하는 순간 내 마음이 나도 모르게 요술거울의 주인공으로 변하는 것이었다.

발바닥이 까지는 줄도 모르고 발등이 부르트는 줄도 모르고 뛰었다. 누가 나의 흐르는 눈물을 닦아주리오. 노래는 하고 싶은데 노래할 곳이 없다. 가수가 되기 전까지는 그랬었다. 가고 싶으면 가고 쉬고 싶으면 쉬고 자고 싶으면 자는 인생은 어디에도 없다. 그렇게 해서 성공한 인생은 어디에도 없다.

성공할 노래를 부르자. 내가 하고 싶은 것을 하자. 살고 싶은 곳을 찾아 나서면 그런 곳을 찾을 것이고, 내가 하고 싶은 것을 찾으면 그것이 찾아질 것이다. 그런데 왜 포기를 해? 왜 그리도 쉽게 포기하고 기권하는가? 포기도 내 권리라 주장하고 있는가? 사람들이 장난 삼아 하는 말, '포기는 시장에서 배추포기 셀 때 쓰는 말이다'.

희미해지는 추억, 세월 속에 녹아내린 기억들이 어디 기쁨이고 행복뿐이겠는가. 돌아보면 그리움도 아픔도 서러움도 함께 묻어 있는 것이리라. 예쁜 추억거리가 많으면 행복하게 살아온 삶이고 아픈 추억 거리가 많으면 아쉬움이 많은 삶이었을 것이다. 사람의 앞일을 누가 알겠는가. 그러니 '어떤 힘듦과 시련이 오더라도 미래를 나쁘게 생각할 건 없다. 지금 이 순간만이 희망과 용기를 가지고 도전할 수 있는 유일한 시간인 것이다'.

마음이 궁하면, 나눔도 궁해지는 법

마음을 가난하지 않게 부자로 만들기 위해 뛰자. 한 무리의 등산객이 앞서가며 하는 말이 재미있다. '저기가 정상인겨' '응 그렇다네' '그렇게 애써서 올라갔는데 그곳이 정상이 아니면 어때?' '더 높은 정상이 저만치에 서 있겠지' '저곳이 정상인가?' '여기도 정상은 아닌가 봐. 나도 그런 줄 알고 올라왔는데, 아니어도 할 수 없지. 온 길 되돌아갈 수야 없지 않겠는가'. '그건 그렇고, 그래 좀 천천히 가보세 힘들구만' '그러세 좀 쉬었다 가세' '한 발짝만 더 가면 정상인 듯하니 힘내서 가보세' '우와 발아래 저 밑을 바라보시게' '모두 내 발아래에 머물고 있군 그래 하하하' '올라왔던 길도 보이네 저 길을 우리가 올라왔단 말인가. 참 대단한 길을 걸어 왔구만 그려'. '여기까지 올라온 것도 대단하구만. 오늘도 역사의 한 페이지를 썼구만' 이러면서 정상주(頂上酒)라 하면서 막걸리 한 잔씩 건네고 있었다. 서로를 응원하고 있었다. 나는 너의 복을 빌어주고 너는 나의 복을 빌어주는 동변상련의 마음자리 서로 응원해주자.

무명의 서러움을 고드름 끝에 매달다

누군가의 손가락질은 날카로운 가시가 되어 나를 찌르고, 깨어진 유리 조각이 내 마음을 갈기갈기 찢는다. 누군가의 흉보는 입방아는 총탄이 되어 귀를 뚫고 내 심장을 후벼 판다.

쉰 보리밥 한 덩어리 찬물에 홀라당 말아 마시면서 허기진 배를

채웠다. 아까운 시간 만큼 내 손은 바쁘고 마음은 쫓기었다. 오늘 이만큼 내다 팔려면 그만큼 시간이 금쪽이다. 허기진 지팡이도 시련에 지쳐간다. 손님이 줄어들면 마음도 줄고 배꼬리도 줄어든다. 삶이 허기진다. 마음이 텅 비면 허리도 굽는다. 구부러진 장작은 불쏘시개로나 쓸 뿐 다른 곳에는 아무짝에도 쓸 수가 없다.

찬바람을 이겨내기 위해 찬물을 마셔보았는가? 처마 끝 고드름에 매달았던 무명의 서러움이 따스한 봄날에 전라(全裸)의 몸짓을 드러낸다. 여기저기 깊게 패인 상처가 훈장처럼 자랑스럽게 가슴에 매달려 있다. 고드름이 녹을 때쯤이면 나는 '스타 명가수'가 되어 있으리라.... 곰삭이면서 나를 다독여본다.

갑자기 김태정 시인의 〈배추 절이기〉라는 시가 떠오른다.

배추 절이기

아침 일찍 다듬고 썰어서
소금을 뿌려놓은 배추가
저녁이 되도록 절여지지 않는다
소금을 덜 뿌렸나
애당초 너무 억센 배추를 골랐나
아니면 저도 무슨 삭이지 못할
시퍼런 상처라도 갖고 있는 걸까
점심 먹고 한 번
빨래하며 한 번
화장실 가며오며 또 한 번

소금도 가득 뿌려주었는데
한 주먹 왕소금에도
상처는 좀체 절여지지 않아
갈수록 빳빳이 고개 쳐드는 슬픔
꼭 내 상처를 확인하는 것 같아
소금 한 주먹 더 뿌릴까 망설이다가
그만, 조금만 더 기다리자
제 스스로 성깔 잠재울 때까지
제 스스로 편안해질 때까지
상처를 헤집듯
배추를 뒤집으며
나는 그 날것의 자존심을
한입 베물어본다

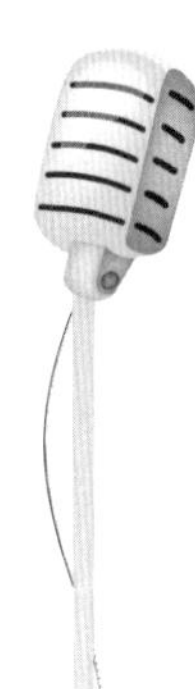

내 인생 대표이사 스타 가수 조슬빈

나는 시인 '엘프린스킴'의 〈내 이름으로 산다〉 라는 시를 즐겨 읽는다.

들판에 핀 작은 꽃들도
다 이름이 있더라
내가 모를 뿐이지
이름 없는 꽃으로 사는 건 아니다
세상이 모른 척한다 하여
이름이 사라지는 건 아니더라

천 개의 바람이 내 얼굴을 흔들고, 내 이름이 만 개의 바람을 일으켜 대중의 마음을 흔들 때, 비로소 나는 아름다운 별처럼 빛날 수 있을 것이다.

소중한 사람으로부터 값비싼 공연 티켓을 선물로 받았다면 공연 장소와 시간, 내용, 출연 배우는 누구인지, 가격은 얼마인지 등을 궁금해 할 것이다. 어떤 옷을 입고 누구와 함께 갈 것인지도 고민할 것이다. 그 티켓을 아무렇게나 내버려 두지 않을 것이다. 오늘이라는 시간과 인생이라는 시간은 하늘이 주신 선물이다. 자신이 가지고 있는 재능도 부모님이나 주변 사람들로부터 받은 귀한 선물이다. 자신이 받은 인생이라는 자유이용권을 방치하거나 내버려 두고 예쁘게 가꾸지 않는다면 그 선물을 건네준 사람에게 오히려 미안해야 할 일이다. 자신이 이용할 수 있는 권리를 가지고 있으면서도 그것을 가지고 있다는 자체를 모르고, 유효기간이 있는데도 그 사실을 전혀 모르고 지내다 그 기간을 넘겨버린다면 이 얼마나 안타까운 일인가? 알프레드 아들러는 '누구나 자신의 운명을 결정할 수 있는 능력이 있다'라고 했다.

노래는 나의 행복

노래를 부를 수 있는 달란트를 가지고 있음에도 그것을 저 가슴 속 깊이 묻어둔 채 53년이라는 세월을 보냈었다. 그 능력을 이제야 조심스럽게 꺼내 보고 있다. 잊고 지낸 53년 동안 가수가 되겠다는 열정이 가슴 한구석에 남아 있었기에 유효기간이 만료되지 않고 계속 연장되었으리라 믿는다. '나인 양하고 살지만 다른 사람의 마음으로, 다른 사람의 생각으로 살아왔음'을 깨닫는다. 하지만 나의 꿈을 가지고 있었기에, 내 인생을 지금 내가 원하는 대로 만들어 가고 있는 것이다.

내 인생 대표이사 스타 가수 조슬빈, 인생 시나리오를 다시 쓰고 있다. 수십번 써서 마음에 들지 않으면 다시 고쳐 쓸 생각이다. 주인공은 오로지 최고의 명가수 조슬빈이다. 대중들의 가슴속에서 오랫동안 빛나는 스타 명가수, 대중들의 존경하는 마음, 사랑하는 마음이 줄지 않도록 기획하고 연출할 것이다. '자신 있게', '맛깔나게', '예쁘게', '당당하게', '사랑하는 사람에게 하듯이' 나를 그렇게 표현할 것이다. 다른 사람에 의해 끌려다니는 삶이 아닌 내가 '나'로 살아갈 것이다. 내가 아무리 달라져도 남이 될 수는 없듯이 다른 사람도 역시 '나'가 될 수는 없을 것이다. 다른 사람과 다른 특별한 '나'를 만들고 차별화시킬 것이다. '조슬빈'이라는 브랜드를 '명품'으로 만들 것이다. '주식회사 내 인생'의 대표이사는 바로 '명품 가수 조슬빈'이다. 누가 뭐라고 하든지 대중들에게 기쁨을 주는 가수로 거듭나고 싶다.

무인지상 만인지하(無人之上 萬人之下), 아름다운 별로 우뚝 서고 싶다. 어둠이라는 조연이 필요 없는 언제 어디서나 빛나는 별, 뭇 사람들의 가슴속에 꿈을 심어주고 꿈의 길잡이가 되어주는 그런 샛별이 되고 싶다. '스타 명가수 조슬빈'... 그리고 팬들에게 사랑받는 가수로 남은 여생 헛되지 않게 살아가리라.

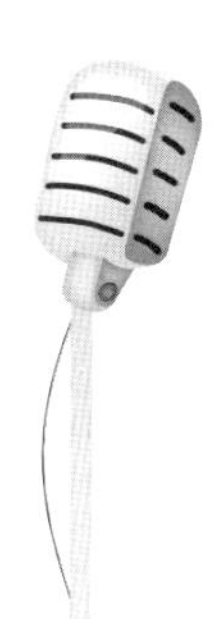

지나온 발자취가 내 노래가 될 줄이야

열정에 대한 예의가 없으면 정열에 대한 존경도 없을 것이다

하루하루 노래를 적금 붓듯 저축하다 보니 어느새 만기가 되었네. 번호표를 미리 뽑아놓고 다른 일 보는 사이 해당 번호가 지나갔다. 헐레벌떡 되돌아와서 왜 내 번호가 지나갔냐고 따지면 누가 잘못한 것일까? '번호표 다시 뽑고 순서를 기다리라는 직원의 목소리'는 전혀 들리지 않는다. 아니 듣고 싶지 않고 들으려고도 하지 않는다. 다만 '지나간 내 번호'만 외치려 한다. 그러면 줄 서서 기다리고 있던 다른 사람들의 눈이 휘둥그레진다. 그 사람들도 시간이 아깝고 바쁘기는 매양 한가지가 아닌가. 직원은 직원대로 화가 나고 기다리는 사람은 그 사람대로 기분이 나빠지는데도, 지나간 번호표 앞으로 되돌려달라고 외치는 그 사람은 오직 자기 고집만 내세운

다. '나만 먼저'가 최우선이라 생각한다. 다른 사람의 눈치는 필요 없다. 직원의 설명 따위도 필요 없다. 지나간 내 번호표대로 해달라고 한다. 지나간 내 인생을 누구에게 되돌려달라고 하는 것인지, 다른 사람이 기다리는 동안 자신은 조그만 이익을 위해 다른 곳으로 떠났다가 되돌아 왔을 터인데…

감나무 끝에 매달린 빨간 홍시라면 얼마나 좋을까? 밤하늘을 밝게 빛내주는 아름다운 별빛이라면 얼마나 좋을까? 이번 생은 망했으니 다음 생을 기대해 볼까? 그때도 이 모양이면 어떡하지? 이런 생각조차도 사치인가? 화려한 야경을 벗 삼아 우아하고 고혹적인 커피숍에서 커피 한 잔 마셔보고 싶다. 달달한 커피 한 잔이면 족할 것 같은 데 커피 한 잔 마실 사람 거기 누구 없소?

힘들다 힘들다 하니 힘든 일만 생긴다. '감사합니다 고맙습니다'라고 하니 좋은 일만 생긴다. 마음에 드리워진 그늘을 벗기면 맑은 햇살이 다가오는 것처럼 땟국 짙게 쌓인 안경알 닦아내면 온 세상이 환하게 보이는 것처럼, 입에 달고 다니는 불평불만을 멀리하고 긍정과 칭찬을 말하니 칭찬받을 일만 생긴다. 잘되라고 이 '흥할 놈아' 하고 욕을 하니 흥하는 놈이 되고, 화난다 이 '망할 놈아' 하니 망한 놈이 되더이다. 욕도 욕 나름이고 화를 낼 때도 말만큼은 가려서 해야 한다는 생각이다. 말이 앞서서 내 인생을 이끌어가기 때문이다.

꿈은 내가 버리지 않는 이상 절대 줄지 않는다. 꾸면 꿀수록 늘어나지만 줄지는 않는다. 꿈은 꾸는 자만이 이룬다. 간절한 꿈 절실한 꿈은 절대 배신하지 않는다. 길흉화복(吉凶禍福)이 한 입에서 나오고, 천사와 악마는 한집에서 동거하는 것처럼 내 몸 어디엔가 희망의 꿈도 악마의 꿈도 함께 자라고 있을 것이다. 어느 꿈에게 먹이를 더 주는가에 따라 희망과 절망으로 갈리게 된다.

내 인생의 답은 노래에 있었다. 감사할 일은 나 자신이 지금 노래를 부를 수 있다는 사실이다. 누군가의 도움으로, 누군가의 응원으로, 누군가의 격려 덕분에 노래를 부를 수 있다는 것이다. 그래서 감사를 노래로 부르고 있다. 버티는 자가 이기는 것이고 이기는 자가 강한 것이고 강하면 살아남는다. 지금까지 잘 버텨온 꿈은 바람이 불어도 날아가지 않는다. 그 꿈은 다른 사람이 절대로 훔쳐 갈 수 없을 것이다.

사람들은 성공하겠다는 소망을 품고 살아간다. 그러나 다른 사람들이 성공하도록 도와주려는 소망을 품고 살아가는 사람도 있다. 세상에는 늘 도움을 받고 싶어 하는 동생 같은 사람이 있고, 늘 도움 주고 싶어 하는 형 같은 사람도 있다. 더 많이 받지 못했다고 불평하는 사람이 있고, 더 주지 못해서 미안하다고 늘 안타까워하는 사람이 있다. 하고 싶은 일을 해보지 않아서 후회하느니 해보고 싶은 일을 저지르고 나서 반성하는 쪽이 오히려 발전이 있을 것이다. 후회는 과거를 먹고 살고 반성은 미래를 먹고 살기 때문이다. 나는 지금 어느 쪽에 서 있는가? 잠금장치는 아무리 어렵게 만든다 하더라도 열리지 않을 수 없다. 인생이 아무리 어렵다 하더라도 풀리지 않은 어려움은 없다. 꽁꽁 언 얼음덩어리도 봄날의 햇살에 속절없이 녹아내린다. 막혔던 내 인생도 이제는 꽃피는 봄날이려니 오리라 믿는다.

바람이 세월을 노래하고, 노래가 인생을 마시고 있다…

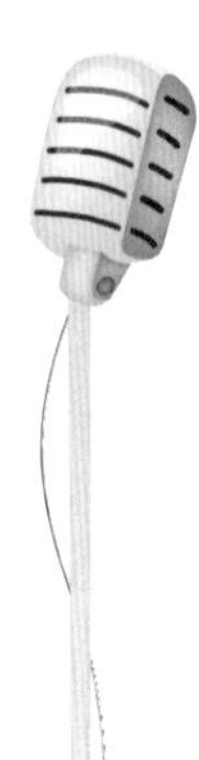

엄마! 아직도 거울 공주야?

시대의 왕초라서 웃었다?

어렸을 적에는 '엄마, 거울을 왜 그렇게 자주 봐?' 이렇게 물었던 큰아들의 질문이 달라졌다. '엄마, 아직도 거울 공주야?'

나는 거울을 자주 보았다. 내 얼굴에 찡그림이나 걱정스러운 주름이 없어야 시댁 식구들의 마음이 불편하지 않을 것이다. 시댁 식구들 모두 내 얼굴만 바라보고 있는데 내가 어찌 얼굴을 찡그릴 수 있겠는가. 힘들다고 다른 사람들이 보지 않는 곳에 숨어서 찡그리고 있으면 얼굴에 그대로 표시가 날 것이다. 그래서 나는 거울이 붙어 있는 곳이면 어디든 상관하지 않고 거울을 바라봤다. 그리고 살짝 웃었다. 습관처럼 사랑받는 거울의 여인이 되어가고 있다.

나를 바라보는 대중을 향해 웃는다

금 간 얼굴에 어찌 복이 서리요, 깨진 얼굴에 어찌 복이 머물 것이요, 내가 웃지 않은데 어찌 대중이 따라 웃으리요. 이제는 사명감을 가지고 웃는다. 정감넘치는 목소리 대중에게 베푸는 나의 소박한 선물일 뿐이다. 그러면서 예쁜 얼굴 예쁜 미소 예쁜 인생을 꿈꾼다. '엄마는 왜 그렇게 거울을 많이 보지' 하니 '웃어야 하느니라'라고 대답했다. 거울을 보는 여자, 정말 얼굴을 보는 것일까 아니면 화장을 하려는 것일까? 얼마나 매력넘치는 조슬빈인지 확인해보려는 것일까? 거울을 하루에 몇 번이나 볼까? 식당 일을 할 때도 하루에 250번 이상 바라보았다. 지금도 거울을 자주 본다. 이전보다 배 이상 거울을 보고 있다. 이제부터는 나를 위해 화장을 하는 것이 아니라 대중을 위해 화장을 하리라. 거울 공주는 대중보다는 더 멋진 가요계의 여왕으로 탄생하리라.

소중한 인연, 대중음악계의 대부님이신 송결 작곡가님!

세상물정 모르는 스무 살 시절에 내 남편을 만난 것처럼 가장 가슴이 떨리는 만남이었다. 송결 작곡가 선생님을 만난 것은 깊은 산속을 헤매는 심마니가 100년근 산삼을 만나는 듯 내 인생을 송두리째 바꾸어 놓았다. 운명이라면 운명이고 숙명이라면 숙명이겠지만 조슬빈 인생에서 꼭 만나야 할 사람 피할 수 없는 사람이기에 만났을 것이다. 그렇지 않고서야 어찌 위대하신 송결 선생님이 지방에 있는 안산까지 오셔서 합창단 지도를 하셨겠는가. 더구나 누구의 부름도 아닌 나 스스로 찾아간 KR 팝 합창단이 아니던가.

아는 사람 하나 없었지만 노래가 부르고 싶고 다른 사람들과 어울리고 싶어 발을 들인 그 합창단에서 가요계의 전설을 쓰고 계신 송결 선생님을 만났다. 내가 노래를 잘하는 것이 아니라 열심히 하려고 하는 그 열정적인 자세가 맘에 들었는지 특별한 관심과 가르

침을 쏟아주셨다. 나에게는 분에 넘치는 스승님이자 대부님이셨다. 노래하는 시간이 그렇게 즐겁고 기다려지는 시간이었다.

그때 송결 선생님이 앞으로 가요제가 있으면 참가해보라고 하여, 한 시간도 빠지지 않고, 온 힘을 다해 열심히 연습했었다. 내가 누구인가. 하면 한다는 조슬빈이 아니던가. '내가 하면 실패는 없다'고 믿는 나 조슬빈은 송결 선생님의 가르침을 한 자의 흘림도 없이 온몸으로 받아들이고 놓치지 않았다. 한 말씀 한 말씀을 가슴 깊이 새기며 집에 돌아와서도 그 말을 명심 또 명심하며 연습을 했었다. 상도동에 있는 연습실은 내 인생을 송두리째 바꾸어놓는 소중한 꽃자리였다. 가수도 아닌 나에게는 꿈의 연습실이었다. 드디어 송결 선생님이 부산국제가요제 출전을 위한 동영상을 촬영하자고 하셨다. 드디어 도전할 기회가 찾아온 것이다. 운동을 잘했던 나는 체력에는 자신이 있었다. 목청도 좋았다. 그래서 연습을 하면 3시간은 기본이었다. 지치는 사람은 언제나 송결 선생님이었다. 나는 〈첫차〉를 열심히 불렀다. 그렇게 동영상 촬영을 하고 그 가요제에 운명의 순간이 드디어 찾아오는가 보다. 행운의 여신은 결코 나를 저버리지 않았다. 〈첫차〉(노래 : 방실이)라는 가사를 옮겨본다.

첫차

새벽안개 헤치며 달려가는 첫차에 몸을 싣고 꿈도 싣고
내 마음 모두 싣고 떠나갑니다 당신을 멀리멀리
이루지 못할 사랑이라면 내가 먼저 떠나가야지
꿈같은 세월 짧았던 행복 생각이 나겠지만

아쉬운 정도 아쉬운 미련도 모두 다 잊겠어요
새벽안개 헤치며 달려가는 첫차에 몸을 싣고 꿈도 싣고
내 마음 모두 싣고 떠나갑니다 당신을 멀리멀리

멀어지는 당신을 생각하면 가슴을 적셔오는 지난 추억
어차피 잊어야 할 사람인 것을 이토록 슬퍼질까
이루지 못할 사랑이라면 내가 먼저 떠나가야지
꿈같은 세월 짧았던 행복 생각이 나겠지만
아쉬운 정도 아쉬운 미련도 모두 다 잊겠어요
새벽안개 헤치며 달려가는 첫차에 몸을 싣고 꿈도 싣고
내 마음 모두 싣고 떠나갑니다 당신을 멀리멀리
당신을 멀리멀리

1차 심사는 비대면 동영상 심사였다. 송결 선생님으로부터 연습 좀 더 하자는 반가운 기별이 왔다. 뭐가 잘못되었는가 불안한 마음으로 상도동 음악실로 달려갔다. 그때 송결 선생님은 동영상 심사는 통과되었다 하시면서 기쁜 마음으로 축하를 해주셨다. 2차 심사는 현장에서 실제 공연해야 한다고 하니 실제 무대에 서서 연습을 하고 싶었다. 그런 '무대가 어디에 있어요?' 하고 물으니 '그냥 여기서 연습을 하라'고 하셨다. 율동도 필요한 것 아니냐고 하였지만, 노래에 집중하라고 하셨다. 그래서 노래만 목젖이 피멍들도록 연습했다.

실제 현장 공연을 위해 부산을 내려가던 길, 참 낯설고 두렵기까지 하다. 인연이 여기까지 나를 데리고 왔구나 하는 생각이 들었다.

오늘 성공하면 본선 진출이다. 그러니 긴장을 안 했다고 하면 거짓말이다. '하던 대로 해라' 그 한마디만 하시는 송결 선생님의 말씀을 믿고 온 힘을 다해 불렀다. '노력했으니 좋은 결과가 있지 않겠는가'라는 생각도 들었지만, 막상 본선 진출 29팀의 명단에 조슬빈이라는 이름이 들어 있음을 확인한 순간, 나는 날아다니는 한 마리 새가 되었다. '노력은 배신하지 않는다'라는 말을 다시 한번 가슴에 새겼었다. '우와 대박이다!' 나도 모르게 함성을 질렀다. 그리고 옆에 계신 송결 선생님을 사정없이 두들겨 팼다. 나의 참 훌륭한 버릇 중의 하나가 웃거나 즐거우면 옆 사람이 누구이든 무조건 주어 패는 것이었다. 그렇게 두들겨 맞으면서도 아프다는 말씀 안 하시고 환하게 웃어주시니 너무나 고맙고 감사했었다. 이제는 본선에서 어떻게 대상을 거머쥘까 고민을 해야 했었다.

'요즘 노래 못하는 가수가 어딨어요?' 그것도 가요제에 나오는 가수들은 날고뛰는 선수들이다. 어렸을 때부터 기본기를 다지고 기교도 부리고 율동도 남다르다. 그러니 오십이 넘어 시작한 나는 어쩌겠는가. 그나마 가요계의 전설 송결 선생님이 옆에서 지도해주시니 이만큼이나 할 수 있었지 하는 생각에 가슴이 더욱 쿵쾅거렸다.

송결 선생님과 심도 있는 전략회의를 가졌다. 객석에 관중들도 참석하는 공연이다. 다른 참가자들이 워낙 노래를 잘하니 노래보다는 무대를 장악하고 심사위원을 휘어잡을 수 있는 노래로 바꾸자고 하셨다. 그래서 본선에서는 〈노래하며 춤추며〉(노래 : 계은숙)로 도전했었다.

노래하며 춤추며

사랑하는 사람들
모두 함께 모여서
흥겨웁게 춤을 춥시다
괴로운 일 슬픈 일
모두 잊어버리고
이 순간을 노래 불러요
오고가는 눈길 속에
사랑이 넘치고
그대와 같이 느껴보는
행복한 기분
지난 일은 생각을 말고
춤을 추어요 워
사랑하는 연인들
서로 마주 보면서
흥겨웁게 춤을 춥시다
괴로운 일 슬픈 일
모두 잊어버리고
이 순간을 노래 불러요
오고가는 눈길속에
사랑이 넘치고
그대와 같이 느껴보는
행복한 기분

지난 일은 생각을 말고
춤을 추어요 워
사랑하는 연인들
서로 마주 보면서
흥겨웁게 춤을 춥시다
괴로운 일 슬픈 일
모두 잊어버리고
이 순간을 노래 불러요
이 순간을 노래 불러요
이 순간을 노래 불러요
이 순간을 노래 불러요

저는 율동이나 춤은 어려서부터 운동을 해왔기에 자신이 있었다. 저의 현란한 춤사위에 관중도 심사위원도 좋은 점수를 주셨다. 대상은 아니더라도 그 이상의 값어치가 있는 동상을 받게 되었다.

노래를 제대로 부르지 못한 듯한데도 상을 준 것은 조슬빈이 이제부터는 '가수로서의 길을 가라', 그리고 더욱 더 열심히 노력하여 '대중들의 가슴에 감동을 주는 큰 별이 되라'는 뜻이라 생각했다.

그 이후 송결 선생님이 신인가수한테는 절대로 주지 않겠다고 다짐했던 아껴둔 곡 〈여자는 아내로 엄마로〉를 선물로 받았다. 이 곡의 가사를 보면서 주마등처럼 지나왔던 과거의 일들이 영화의 한 장면이 되어 스쳐 지나갔다. 그냥 눈물이 쏟아져 나왔다. 내가 이토록 버텨온 삶이 노랫말 그 자체가 되었다. 그래서 이 노래를 내 아이 가졌을 때처럼 기쁜 마음으로 받아들였다.

송결 선생님의 무한한 사랑을 아낌없이 받으며 오늘도 〈여자는 아내로 엄마로〉 라는 노래를 목청 높여 부르고 있다. 아름다운 꽃을 꺾으면 금방 시든다. 아름다운 여인도 주군의 사랑이 식으면 금방 초췌해진다. 아름다운 스타도 대중으로부터 관심을 받지 못하면 금방 무명인으로 전락한다. 아름다운 인연도 잘 가꾸지 않으면 아스팔트 위에 버려진 껌딱지에 불과할 뿐이다. 이제는 꽃밭에서 뒹구는 인생을 꿈꾼다. 단순함이 쌓이면 특별한 것이 되고 특별한 것이 쌓이면 단순한 것이 된다. 앞만 보고 열심히 부지런히 살아온 조슬빈의 인생 스토리가 특별한 듯 단순하게 수많은 사람을 감동하게 하는 노래로 승화될 날을 꿈꾼다. 노래하는 행복은 하늘만큼 늘리고 좌절에서 오는 괴로움은 줄이고자 한다. 나에게 아직 남은 사랑이 있다면 대중에게 아낌없이 베풀고, 나에게 아직 오지 않은 사랑은... 노래 속에서 꿈꾸면서 뜨겁게 열애하리라.

부산국제가요제 동상 수상의 팡파레

기간 : 2020.12.29. (화) ~ 2021.05.22. (토)

장소 : 부산시민회관

주최 : 한국방송문화예술진흥원

주관 : 한아방송(주)

후원 : 부산광역시 중구청 / 대한민국 모델협회 / (사)대한가수협회 부산지회

한국방송문화예술진흥원 김돈우 회장은 부산국제가요제를 개최하게 된 목적을 '부산을 국제적으로 우수성을 알리고, 노래를 사랑하고 꿈을 가진 사람들을 위한 무대를 제공하고자 한다'고 말했다. 또한 '전 국민이 즐겁게 한마음이 되어 국민의 가요세로 특별한 추억과 새로운 도약을 보여주기를 기대한다.'라고 강조했다.

예선 심사까지는 코로나 19 위기극복을 위해 무관중 비대면 공연으로 진행되었다. K팝 열풍이 여러 방송 매체를 휩쓸고 있기에 본 가요제도 노래를 좋아하는 가수 지망생들에게는 놓칠 수 없는 절호의 대회였다.

총 537팀이 접수할 만큼 참가자들의 치열한 관심 속에서, 1차 동영상 예심을 거쳐 183팀이 통과되었다. 2차 오프라인 예심은 5월 1일 토요일 2시, 부산 성원아트홀에서 진행되었다. 참가자들은 우승을 꿈꾸며 오랫동안 갈고닦은 실력을 가감 없이 드러냈다. '노래 잘하는 신'들이 모여 경쟁하는 듯했다. 심사위원들이 우열을 가리는 데 무척이나 애를 먹었다고 했다.

나는 동영상 심사, 1차 예심에서 '첫차'(작곡 : 신상호, 노래 : 방실이)를 불렀다. 심사위원들이 나의 '노래를 부르고자 하는 열정'을 높이 평가하여 본선 무대에 설 수 있도록 기회를 주셨다. 본선에 오른 팀은 총 29팀이었다.

본선은 5월 22일 5시 부산시민회관 대공연장에서 개최되었다. 경쟁자들이 노래를 워낙 잘하기에 본선에서는 노래보다는 무대를 장악하고 심사위원을 압도하는 카리스마 있는 춤사위로 전략을 수정했다. 그래서 '노래하며 춤추며'(작곡 : 김현우, 노래 : 계은숙)라는 곡을 선택했다.

중학교 다닐 때까지는 육상과 농구 선수로 활동을 했었고, 애들을 키우면서도 꾸준히 산을 오르며 운동으로 다진 몸이라 춤사위에는 자신이 있었다. 전략을 수정하고 불타는 열정을 보태어서 동상을 수상하는 영예를 안았다. 지금도 그 순간을 떠올리면 가슴이 뭉클하고 사춘기 소녀처럼 온몸이 달구어진다.

동 상

조 미 자

상기인은 2021
부산국제가요제에서
상기와같이 성적을
거두었으므로
본 상을 드립니다.

2021년 5월 22일

한국방송문화예술진흥원
이사장 김 돈 우

나보다 노래를 훨씬 더 잘하는 다른 참가자들이 많이 있었음에도 나에게 이렇게 귀한 상을 주신 것은, 노래를 그토록 부르고 싶어 했던 열정을 이제는 가수로서 활동하는 데 더 집중하라는 뜻으로 받아들였다. 본 가요제의 성공을 위해 처음부터 끝까지 물심양면으로 도움을 주신 한국방송예술문화진흥원, 한아방송(주) 관계자 여러분과 심사위원 여러분, 마지막으로 가요계의 스승님으로 모신 송결 작곡가님의 크신 은혜 잊지 않겠다고 다짐하면서 다시 한 번 감사의 말씀을 전한다.

여자는 아내로 엄마로

06.
사랑이 오고 있어요

사랑이 오고 있어요

작사 : 오성
작곡 : 송결
노래 : 조슬빈

사랑이 오고 있어요 천천히 오고 있어요
속도는 느리지만 진심을 담은 사랑이 오고 있어요
가슴이 뛰어요 쿵쿵 뛰어요 온 몸이 뜨거웠어요
머리도 아파요 어지러워요 이것이 사랑인가요
와요 와요 사랑이 와요 와요 사랑이 춤추며 달려오네요
포근한 사랑 따뜻한 사랑 사랑이 오고 있어요

사랑이 오고 있어요 저만치 오고 있어요
찐하게 흠뻑 젖은 달콤한 사랑 사랑이 오고 있어요
가슴이 뛰어요 쿵쿵 뛰어요 온 몸이 뜨거웠어요
머리도 아파요 어지러워요 이것이 사랑인가요
와요 와요 사랑이 와요 와요 사랑이 춤추며 달려오네요
포근한 사랑 따뜻한 사랑 사랑이 오고 있어요

사랑이 오고 있어요

오성 작사
송결 작곡
조슬빈 노래

Foxtrot

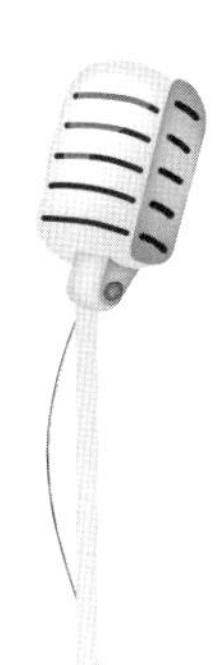

다시 상처로 얼룩진 남편의 사업 실패

검불도 있어야 좋다. 불쏘시개로 쓸려면 없는 것보다야 낫지 않겠는가?

갑자기 행복이 찾아왔다. 그래서 걱정이 앞선다. 사람이 갑자기 변하면 죽는다고 하는데 개과천선(改過遷善)의 극치를 보여주고 있는 내 남편이 실로 걱정이다. 그래서 하루는 병원엘 데리고 갔었다. 암에 걸린 건지 무슨 몹쓸 병이 생겼는지 종합검사를 한번 받아보자고 했었다. 남편은 말없이 따라나섰다. 검사비용으로 돈 좀 들었는데 아무 이상이 없다고 한다. '아휴 천만다행이구나' 하면서 기분이 좋아야 하는데, 왜 이리 찝찝할까?

결혼 후 남편과 함께 34년 넘게 살았었지만, 남편에게 생활비 벌어오라고 투정 한번 부려본 적이 없었다. 놀음 방에 드나들며 돈 달라고 할 때도 군말 없이 돈을 내주었었다. 필요하다고 하면 그때그때 돈을 주었는데 어느 날 갑자기 무슨 바람이 불었는지 남편이 돈

을 벌겠다고 큰일을 벌였다. 돈벌이가 된다고 하면서 큰 집을 짓기 시작했다. 동네 통장을 하면서 정치인들과 어울려 다니더니만 거짓 정보에 놀아나고 허파에 바람이 든 것이 분명했다.

'돈 되는 정보가 어찌 내 남편에게까지 왔겠는가?' 하는 생각이 들었지만, 지금까지 남편의 말을 한 번도 의심해본 적이 없는지라 '정말 돈을 버는가 보네' 하고 믿었었다. 건물을 짓긴 다 지었었다. 그런데 정상적으로 허가를 받지 않고 진행했던 것이었다. 더 큰 문제는 '있는 돈 없는 돈' 다 끌어다가 건물을 지었다는 것이다. 종국에는 허가를 받지 못하다 보니 감옥으로 끌려갈 일만 남았다. 지금의 공무원들이 옛날처럼 뇌물 받아먹고 눈감아주고 승인해주는 그런 시절은 아니지 않는가. 무슨 영화를 보겠다고 이러한 짓을 했을까? 무허가 건물 잔뜩 지어 놓고 몽땅 보상해달라고 야단법석을 피우지만, 무허가 건물은 무허가 건물일 뿐이었다.

남편은 보상금 받아내는 일이 실패로 돌아가자 사기꾼으로 몰렸다. 여기저기서 감방에 처넣겠다고 난리가 아니었다. 빌린 돈 갚아야 할 돈이 몇십억이 넘는 것 같았다. 이를 어쩌나, 그 돈을 갚지 않으면 꼼짝없이 사기죄로 감방에 가게 생겼으니 말이다. 그래도 믿을 수 있는 구석은 세 아들이었다. 아이들은 아빠를 감옥에 보낼 수는 없는 것 아니냐 하면서 채무를 갚아 주자고 했다. 그러면서 다 갚아 주면 아빠가 계속해서 놀고먹는 대학생이 될 게 뻔하니 일정 금액은 남겨서 아빠가 벌어서 매달 갚아 나가도록 했다는 것이다. 34년을 함께 살아온 나는 한 번도 생각해보지 못한 일을 세 아들이 해내고 있었다. '아빠를 다스릴 줄 알다니, 엄마보다 훨씬 똑똑하구나'라는 생각이 들었다. 남편은 그 족쇄를 풀기 위해 지금은 조그마

한 회사를 나가고 있다. 그러면서도 그 빚 갚는다는 핑계로 아직도 생활비는 전혀 보태지 않고 있다. 그렇지만 '하늘은 나에게 다가오고 있는 행복을 불행하게 만들지는 않을 것'이라 굳게 믿어본다.

세월의 기망(欺妄)인가?

시어머니가 돌아가시면서 남편에게 유언으로 한 한 마디는 '슬빈에게 잘해라'는 그 말씀뿐이었다. 시어머니도 그렇지 그런 말을 살아생전에 해주셨으면 내가 이렇게까지 고생하면서 살지는 않았을 것 아닌가 말이다. 어쩐 일인지는 몰라도 남편은 그 이후로 조금씩 변했다. 철이 들어간다고나 할까, 아무튼 좋은 방향으로 변하고 있으니 기분이 좋았다. 아들들이 엄마를 위해 '아빠 개조 작업' 프로젝트를 지금도 시행하고 있는가 보다.

따뜻한 눈길 한번 주지 않고, 다정한 마음 한 조각 보태주지 않던 사람이 지금은 전업주부로 변신하고 있다. 감탄고토(甘呑苦吐, 달면 삼키고 쓰면 뱉는다)에 익숙한 시절이지만, '인내는 쓰고 열매는 달다'라는 말이 떠오른다. 이렇게까지 빠르게 변하는 남편이 이제는 천사가 되어 내 품으로 다가오니 아직도 믿어지지 않는다. 집안 청소, 빨래, 식사 준비와 설거지, 김치 담그기, 장보기 등등. 나보고는 집안일에 손 떼고 노래하는 데만 열중하라고 한다. 행복에 겨워, 행복에 취하다 보니 살짝 걱정이 앞선다. 이렇게 사치스러운 고민도 행복이라 생각하니 만면(滿面)에 미소가 드리워진다. 세상을 지배하는 사람은 남자지만 그 남자를 지배하는 사람은 여자다. 그래서 나는 '여왕이 되는 허세 한번 부려보고 싶다'. 남편이 자식

들에게 '엄마 잘 챙겨라'라고 일장 훈시를 했다. 참 오래 살고 볼 일이다. 이런 날도 찾아오네 하고 꿈인가 꼬집어 봤다. '순진하고 어린 당신 데리고 와서 고생만 많이 시켰는구려. 너무 미안하고 사죄하는 마음'이라고 용서를 구할 때 왈칵 눈물이 쏟아져 내렸다. 내가 힘들고 지쳤을 때 그렇게도 듣고 싶었던 말인데 이제서야 듣게 되다니… 그래도 더 늦지 않은 시기에 이 기쁜 말을 들어서 그나마 다행이고 감사하다고 생각한다. 믿음이 흩어지면 어둠과 의심이 밀려오지만, 행복을 나누면 이웃이 몰려오고, 사랑도 몰려오지 않겠는가?

'남편의 변심은 무죄다', 이 사랑 오랫동안 지키고 싶다. 다시 태어난 기분이다. 조슬빈, 그래 대한민국 최고의 가수로 무대를 광란시키는 인기가수로 거듭날 것이라 약속하고 싶다.

여자는 아내로 엄마로

조승빈 자서전

인쇄 1판 1쇄 2022년 5월 6일
발행 1판 1쇄 2022년 5월 15일

지 은 이 : 조승빈
펴 낸 이 : 金天雨
펴 낸 곳 : 도서출판 천우
등 록 : 1992. 2. 15. 제1-1307호
주 소 : 서울시 성동구 무학봉28길 6 금용빌딩 2F
전 화 : 02)2298-7661
팩 스 : 02)2298-7665
http://moonhak.wla.or.kr
E-mail : chunwo@hanmail.net

값 20,000원

ISBN 978-89-7954-868-6